"एहसास"

भाग -१

आनंद पांडेय "राज"

क्रम-सूची

प्रस्तावना xi

भूमिका xiii

1. "निःशब्द हूँ" 1

2. "सिर्फ तुम" 4

3. "आह्वान" 7

4. "हो निडर" 9

5. "आस्था का दीप" 12

6. "ऐ प्रीत कमल" 15

7. "मेरी जिंदगी की किताब" 17

8. "जिंदगी और तुम" 21

9. "जिंदगी एक किताब" 23

10. "समझ नही पाया" 25

11. "एक खत तेरे नाम" 27

12. "तुम्ही तो हो" 30

13. "एक खत लिखना चाहता हूँ" 33

14. "सोचा तुम्हे खत लिखूँ" 35

15. "एक वृक्ष सा खड़ा हूँ" 38

16. "मुझे नही आता" 41

17. "हाँ मुझे याद है" 46

18. "उपहार" 49

19. "सफर" 51

20. "मुझे नही पता" 53

क्रम-सूची

21. "ऐ चाँद थोड़ा तो ठहर" — 56

22. "तुम्हे चाँद कहूँ कैसे" — 58

23. "जब एक फूल खिला" — 60

24. एक दिवा स्वप्न — 62

25. "तलाश" — 64

26. "हम" — 66

27. "अग्नि" — 68

28. "वो" एक पहेली — 70

29. "वो लम्हा बहुत याद आता है" — 72

30. "एक सफर, हम दो राही" — 75

31. "मन की व्यथा" — 78

32. "तू ही तू नज़र आती है" — 81

33. "जब भोर का सूरज" — 84

34. "एक एहसास" — 87

35. "मिट्टी का कुल्हड़" — 90

36. "जिंदगी और इम्तिहान" — 92

37. "वो रात कब आयेगी" — 94

38. "बन कर शब्द, जब तुम उतरती हो" — 96

39. "गुमनामी का दौर" — 99

40. "ऐ प्रियतम कौन हो तुम?" — 101

41. "शाम" — 105

42. "ये यादें जाने कहाँ ले जाएगी" — 109

क्रम-सूची

43. "वो रात" — 111

44. "मै हूँ चकोर" — 113

45. "कल जब तुमको देखा" — 115

46. "देख तुझे सिर झुक जाता है" — 117

47. "तेरी आँखे" — 120

48. "मेरा गुलाब" — 122

49. "मै कौन हूँ" — 124

50. "कहाँ हो तुम?" — 126

51. "तुम हो तो" — 128

52. "बेखुदी" — 130

53. "दिल के आईने मे" — 133

54. "मेरी कविता हो तुम" — 136

55. "कॉलेज के दिन" — 138

56. "कहाँ हैं वो नजरे" — 142

57. "जब हम मिले" — 144

58. "यादें" — 147

59. "नासमझी के दिन" — 149

60. "तन्हाई" — 151

61. "अक्सर" — 154

62. "यह कैसा जीवन" — 157

63. "मिलन" — 160

64. "मधुर मिलन" — 162

क्रम-सूची

65. "हँसते-हँसते रो पड़ता हूँ" 165

66. "प्रेम" 168

67. "यहीं हो यहीं" 170

68. "तुम" 173

69. "उलझन" 175

70. "तूने जीना सीखा दिया" 177

71. "मुक्त करो" 180

72. "ये भी एक दौर है" 182

73. "ढल गयी शाम, वो नही आये" 185

74. "कितना बदल गया तू" 187

75. "एक बार मिलना था" 190

76. "ऐ दोस्त तूँ अजीज है" 193

77. "तुम ही जीवन हो" 195

78. "शायद" 197

79. "ऐ शहर मत बुला मुझको" 200

80. "तन्हाई" 203

81. "तुझे भूल जाऊं कैसे" 205

82. "बिरहन" 207

83. "वो आखिरी मुलाकात" 210

84. "एक संबाद प्रकृति के साथ" 213

85. "लाचारी" 215

86. "एक अनजान शहर मे" 217

क्रम-सूची

87. "जब मिलोगी तुम कभी" — 219

88. "बॅटवारा" — 222

89. "जाने क्यूँ" — 224

90. "एक तराना रोज गुनगुनाता हूँ" — 226

91. "यही प्यार है" — 229

92. "सफ़रनामा" — 231

93. "काश" — 233

94. "एक सपना" — 235

95. "आखिर मे" — 237

96. "प्रतिबोध" — 239

97. "तूँ बहुत याद आता है" — 241

98. "आँखों की गहराई" — 243

99. "ऐ मन तूँ उदास क्यूँ है?" — 245

100. "सब छलावा ही तो है" — 248

101. "प्रीत लगन है मोहे लागी" — 250

प्रस्तावना

"एहसास" भाग 1 एक ऐसी मार्मिक कविता संग्रह है, जिसमे प्रेम की अभिव्यक्ति को खूबसूरत शब्दों मे पिरोया गया। कविताओं के माध्यम से आनंद जी ने युवा पीढ़ी मे लुप्त हो रही संवेदनाओं को जागृत करने की कोशिश की है।

"यार तेरे शहर मे" और "तलाश" एक सफ़रनामा के सफल प्रकाशन के बाद ये उनकी तीसरी उत्कृष्ट कृति है।

मै आनंद जी को उनके उत्कृष्ट लेखन हेतु ढेर सारी शुभकामनाएं देती हूँ। साथ ही साथ उम्मीद करती हूँ कि वो हमेशा अपने लेखन और अनुभवों के माध्यम से हमे हमेशा लाभान्वित करते रहेंगे।

ममता पांडेय,

(ग्राम विकास अधिकारी),

मथुरा

भूमिका

"एहसास" भाग 1 संवेदनाओं पर आधारित कविताओं का एक संग्रह है। वर्तमान सामाजिक और आर्थिक परिस्थितियों मे जिस तरह से संवेदनाएं ख़त्म हो रही हैं, बैचारिक पतन हो रहा है, निःसंदेह मानव संस्कृति पर करारा प्रहार है। संवेदनाएं ही तो हैं, जो इंसान को अन्य प्राणियों से अलग करता है।

प्रस्तुत किताब मे कविताओं के माध्यम से युवा जगत मे बिलुप्त होती संवेदनाओं को जागृत करने की कोशिश की है। उम्मीद करता हूँ, पाठकों को ये कविताएँ बेहद पसंद आएँगी।

उम्मीद के साथ -

1. "निःशब्द हूँ"

रक्त रंजित रोशनी मे,
धूमिल शाम की तरह,
निःसंदेह, मै निःशब्द हूँ।

एक सीमित दायरे मे ,
अपनी ही व्यथा पर,
हाँ मै भी स्तब्ध हूँ।

निःसंदेह, मै निःशब्द हूँ।

निश्छल, निःस्वार्थ प्रेम,
क्यूँ है अपराध बना?
सोचकर मै भी स्तब्ध हूँ।
अपराध बोध की कुंठा मे,
एकांकीपन की अतिशय साया,
हास् उपहास का संदर्भ हूँ।
निःसंदेह, मै निःशब्द हूँ।

ख्वाहिशों की राख मे लिपटा,
गोधूलि की तरह ही,
एक अर्धसत्य हूँ।
निःसंदेह, मै निःशब्द हूँ।

सवाल बहुत हैं मेरे वजूद पर,
किंतु खामोश रहने पर,
मै अब भी कटिबद्ध हूँ।
निःसंदेह, मै निःशब्द हूँ।

एक भ्रम जो टूटता ही नही,
एक दिवास्वप्न जो रुकता नही,
फिर कैसा प्रबुद्ध हूँ?

दिग्भ्रमित हूँ संशय के बादलो मे,
बेपंख परिंदे की तरह,
शायद मै भी अभिशप्त हूँ।
निःसंदेह मै निःशब्द हूँ।

2. "सिर्फ तुम"

सिर्फ तुम,
सिर्फ तुम की सोच मे,
मन मष्तिस्क के द्वंद मे,
बाहर सोच के दायरे से,
भटक गया हूँ कहीं,
ख्वाहिशों के विरान जंगल मे।
सिर्फ तुम,

सिर्फ तुम की सोच मे।

❧ ❧ ❧

सिर्फ तुम,
सिर्फ तुम की सोच में,
अधूरेपन के आगोश मे,
खो गया हूँ कुछ इस तरह,
वक़्त गुजर रहा है,
गुजरे लम्हो की खोज मे।
सिर्फ तुम,
सिर्फ तुम की सोच मे।

❧ ❧ ❧

सिर्फ तुम,
सिर्फ तुम की सोच मे,
कुछ अनकहे अल्फ़ाज़ मे,
जिंदगी की घुटन,
सवाल भी करती है,
सिर्फ सहमी सी आवाज मे।
सिर्फ तुम,
सिर्फ तुम की सोच मे।

❧ ❧ ❧

सिर्फ तुम,
सिर्फ तुम की सोच मे,
कमनसीबी के परिवेश मे,
खुद ही खुद के अस्तित्व से,

हर वक़्त लड़ता रहा हूँ,
वक़्त के इन्तज़ार मे।
सिर्फ तुम,
सिर्फ तुम की सोच मे।

❧❧❧

सिर्फ तुम,
सिर्फ तुम की सोच मे,
मृग मरीचिका के प्रभाव मे,
खो गयी खुशियों की चाभी कहीं,
किंतु अफसोस नही,
परिस्थितियों के इस बहाव मे।
सिर्फ तुम,
सिर्फ तुम की सोच मे।

❧❧❧

सिर्फ तुम,
सिर्फ तुम की सोच मे,
शंशय के प्रतिरोध मे,
जाने कब गंतव्य से गुजर गया,
लौटना शायद मुनासिब नही,
उम्र के इस पड़ाव मे।
सिर्फ तुम,
सिर्फ तुम की सोच मे।

❧❧❧

3. "आह्वान"

हे निर्भया, हे सत्य कामिनी,
लक्ष्य भेद शंखनाद कर।
तोड़कर चक्रव्यूह कालचक्र का,
उठ मिथ्या के अंधकार का विनास कर।
हे निर्भया हे सत्य कामिनी,
लक्ष्य भेद शंखनाद तो कर।

कंटक पथ पर पाँव तेरे,
लहूलुहान हो जायेंगे।
लक्ष्य भेद कर जब आओगी,
घाव स्वतः भर जाएंगे।
उठ उगते सूरज का इंतज़ार न कर।

हे निर्भया हे, सत्य कामिनी,
लक्ष्य भेद शंखनाद तो कर।

❧❧❧

दृष्टि खो गयी है शायद,
संशय की विकृत नगरी मे।
खड़ा हुआ है हर कोई,
किंतु परन्तु की लम्बी पंक्ति मे।
सोच तुम्हारी शक्ति है,
इस शक्ति मे परिवर्तन की युक्ति है।
उठ परिवर्तन का श्रृंगार तूँ कर।
हे निर्भया हे, सत्य कामिनी,
लक्ष्य भेद शंखनाद तो कर।

❧❧❧

तुम अचल, तुम अटल,
तुम आनंद की प्रतिमा हो,
नेतृत्व कला मे हो कौशल,
अदम्य धैर्य की परिभाषा हो।
लेकर बागडोर अपने हाथों मे,
हर संकट का संघार तूँ कर।
हे निर्भया हे, सत्य कामिनी,
लक्ष्य भेद शंखनाद तो कर।

❧❧❧

4. "हो निडर"

हे धैर्य सुता, हे धैर्यवान,
बन अटल, तूँ निकल,
हो निडर, मत बिखर, मत बिखर।

आलस्य को तूँ त्याग दे,
खुद को एक पहिचान दे।
तूँ सशक्त है
भोग विलासिता से विरक्त है।,
बस तूँ निकल, तूँ निकल,
हो निडर, मत बिखर, मत बिखर।

जब सोच बना शत्रु हो,
संशय मे सत्य हो,
गुरु का आव्हान कर,
कर्तव्य पथ पर प्रस्थान कर,
बस तूँ निकल, तूँ निकल,
हो निडर, मत बिखर, मत बिखर।

❧❧❧

धैर्य तेरा शस्त्र है,
ये शस्त्र बड़ा सशक्त है।
साध्य को तूँ साध ले,
मन से स्वीकार ले।
बस तूँ निकल, तूँ निकल,
हो निडर, मत बिखर, मत बिखर।

❧❧❧

लक्ष्य कठिन है, दुर्गम नही,
तेरा पराक्रम भी तो कम नही।
उठ हर सवाल का जबाब दे,
वक़्त को भी निखार दे।
बस तूँ निकल, तूँ निकल।
हो निडर, मत बिखर, मत बिखर।

❧❧❧

जनता हूँ राहें आसान नही,
डरना कोई समाधान नही।

हार क्षम्य है,
भागना अक्षम्य है,
बस तूँ निकल, तूँ निकल,
हो निडर, मत बिखर, मत बिखर।

❧❧❧

तूँ वर्तमान है,
भविष्य की पहिचान है।
आज ही कल को देख ले,
वक़्त को समेट ले।
बस तूँ निकल, तूँ निकल,
हो निडर, मत बिखर, मत बिखर ।
हे धैर्य सुता, है धैर्यवान,
बन अटल, तूँ निकल,
हो निडर, मत बिखर, मत बिखर।

❧❧❧

5. "आस्था का दीप"

कभी सशक्त,

कभी अशक्त,

कभी रौद्र रूप,

कभी स्नेह स्वरूप,

कभी शास्त्र के साथ,

कभी शस्त्रमय हाथ,

कभी तमतमाती धूप,

कभी शीतल छाँव,

क्षणभंगुरता का है ये खेल निराला,

कभी अमृत,कभी विष का प्याला।

हृदय मे कितना भी हो अँधियारा,
मिल ही जायेगा एक अनमोल तारा।
वक़्त की पारखी नज़र से,
कर्म की रेखा बनाकर तो देखो।
बस आस्था का एक दीप,
दिल मे जलाकर तो देखो।

✿❀✿

भय के बादल से,
संशय के सागर से,
मुक्ति मिल जाएगी हर बाधक से,
खुद ही खुद को भुलाकर तो देखो।
बस आस्था का एक दीप,
दिल मे जलाकर तो देखो।
जोश और उमंग मे,
खुशियों के तरंग मे,
बैठेंगे रिद्धि-सिद्धि हर प्रसंग मे,
श्रद्धा के सुमन सजाके तो देखो।
बस आस्था का एक दीप,
दिल मे जलाकर तो देखो।
फिर तस्वीरें भी बोलेंगी,
आंनद द्वार खोलेगी।
है अगर गुरुर अपनी इबादत पर,
विश्वास की प्रतिमा बनाकर तो देखो।
बस आस्था का एक दीप,
दिल मे जलाकर तो देखो।
कर्म धर्म की जुबान है,

आस्था प्रथम पायदान है।
भ्रम के गहराते बादल मे,
कर्म और आस्था मिलाकर तो देखो।
बस आस्था का एक दीप,
दिल मे जलाकर तो देखो।

6. "ऐ प्रीत कमल"

ऐ मीत कमल, ऐ प्रीत कमल,
ऐ मेरे मन आँगन की संगीत कमल,
बस जाओ मेरी आँखों मे,
सहज, सरल बनसुरम्य कमल।
ऐ प्रीत कमल, ऐ मीत कमल।।

रिम झिम रिम झिम अश्क की बूंदे,
जब शुष्क पटल पर गिरती है,
अंतर्मन की सुषुप्त अभिलाषा,

नवचेतन पर भारी पड़ती है।
झील कमल बन आ जाओ,
तृप्त करो मन के बंजर को।
ऐ शीत कमल, ऐ नीर कमल,
ऐ मीत कमल, ऐ प्रीत कमल।

यादों को मधुशाला बना,
कशिश की घूँटें पीता हूँ।
कर्मों की बिस्मित नगरी मे,
ख्वाबो का कारवाँ ढूढ़ता हूँ।
तुम सानिध्य कमल बन आ जाओ,
कुंठित मन के प्रांगण मे।
ये लक्ष्य कमल, ऐ संकल्प कमल,
ऐ मीत कमल, ऐ प्रीत कमल।

कुछ स्वर्णिम यादो मे,
कुछ त्वरित जज्बातो मे,
तुम श्वेत कमल बन आ जाओ,
भाव प्रभाव के अंगारो मे।
आ जाओ बन गीत कमल,
ढलती उम्र के सावन मे।
ऐ शौर्य कमल, ऐ धैर्य कमल,
ऐ मीत कमल, ऐ प्रीत कमल।

7. "मेरी जिंदगी की क़िताब"

मेरी जिंदगी की क़िताब,
कुछ पन्ने मैंने लिखे, कुछ तुमने,
कुछ पन्ने आज भी कोरे है,
अब न तुम कुछ लिख सकोगी न मैं,
मेरी जिंदगी की क़िताब।

कुछ पन्ने सार्वजनिक हो चुके है,
कुछ दफन हैं रीति-रिवाजों में,
कुछ गिरवी हैं तुम्हारे चौखट पर,
अबन तुमसँजो सकोगी न मै,
मेरी जिंदगी की किताब।

❧❧❧

कुछ मनहूस पन्ने क्या जुड़े,
मेरी जिंदगी की किताब से,
हर किसी ने देखा मेरे गिरेबान मे,
अब न तुम झुठला सकोगी न मै,
मेरी जिंदगी की किताब।

❧❧❧

जब कभी खोजता हूँ,
यादों केकुछ सुनहरे पन्ने,
औचित्य 'एक सवाल' उठता है,
अब न तुम जबाब दे सकोगी न मै,
मेरी जिंदगी की किताब।

❧❧❧

कुछ चाहत की तस्वीरें,
कुछ त्याग, कुछ समर्पण की,
हैं वो पन्ने भी नीलाम हुये,
अब न तुम खरीद सकोगी न मै,
मेरी जिंदगी की किताब।

❧❧❧

हर पन्ने पर था तेरा नाम लिखा,
खुशियों का एक पैगामलिखा,
पर वक़्त ने कुछ ऐसा लिख डाला,
अब न तुम कुछ सुन सकोगी न मैं,
मेरी जिंदगी की किताब।

❧❧❧

धूल गयी होगी आशुओं से,
लहू से लिखी ख़्वाविशे भी,
चढ़ जाने दो धूल की कुछ परते भी,
अब न तुम साफ कर सकोगी न मैं,
मेरी जिंदगी की किताब।

❧❧❧

बिखरे हुये कुछ अतीत के पन्ने,
घूमते है इर्द गिर्द आईना बनकर,
दिखता है रोज बदले हालात का चेहरा,
अब न तुम कुछ बदल सकोगी न मैं,
मेरी जिंदगी की किताब।

❧❧❧

वक़्त तो आज भी लिखता है,
नाकामी का लेख कुछ पन्नो पर,
ये अवसर भी हमने ही दिया है,
अब न तुम रोक सकोगी न मैं,

मेरी जिंदगी की किताब।

❧❧❧

मेरे अपनो मे होड़ सी लगी है,
आखिरी पन्ने को सजाने की,
काश, ये काम भी तुम करती ,
फिर न तुम कुछ कह सकोगी न मै,
मेरी जिंदगी की किताब।

❧❧❧

8. "जिंदगी और तुम"

जिंदगी और तुम, एक अभिव्यक्ति दो नाम,
दोनों ने दिया मुझको महज एक ही पैगाम।
तुम नही थी, तो नही था जीवन मे विश्राम,
जिंदगी और तुम, एक अभिव्यक्ति दो नाम।

सुरु की जिंदगी, तो तुम्हारा अस्तित्व नही था,
समझा जिंदगी को तो तुम बिन कुछ नही था।
थी कड़कती धूप हर तरफ पर छाँव नही था,
यूँ तो राहें थी बहुत पर कोई मुकाम नही था।

एक कदम बढ़ाया जब, कोई किरदार नही था,
बस कुछ सपने थे, सपनो का आकार नही था।
रिश्तों की गहराई का कोई भी अनुमान नही था,
जीवन की कड़वी सच्चाई का एहसास नही था।

आज तुम हो तो जिंदगी खुद ही सँवरने लगी है,
बेजान बीहड़ मे भी किलकारियां गूँजने लगी है।
पार किया है कई बार चाहत के अग्निपथ को,
जहाँ था अंधेरा घना, रोशनी वहीं बसने लगी है।

तुम्ही जिंदगी, तुम स्वप्न सुंदरी निश्चल निष्काम,
हृदय तल की तुम गरिमा,आदर्शों का आयाम।
हे बालसखा! तुम हो जीवन पथ का उपनाम,
जिंदगी और तुम, एक अभिव्यक्ति दो नाम।

9. "जिंदगी एक किताब"

जिंदगी भी एक किताब है,
शब्दो का गहरा भ्रमजाल है,
हर पन्ने पर एक मोड़ आता है,
इंसानी फिदरत बयान कर जाता है।

कभी वक़्त की सार्थकता मे,
कभी स्वयं की व्याकुलता मे,
कभी संदर्भ के आगोश मे,
कभी अज्ञानता के प्रकोप मे,
कुछ गलत अल्फ़ाज़ लिखे जाते है,
अपनी पात्रता पर सवाल छोड़ जाते है।

जाने कितनी किताबे मिलती हैं हर रोज,
जाने कितने विकल्प दिखते हैं हर रोज,
कुछ किताबें हम पढ़ते है,
और कुछपढ़ा दी जाती हैं।
कुछ पन्ने हम लिखते है,
कुछ लिख दिये जाते हैं।

मेरी अपनी भी एक किताब है,
हर पन्ने पर एक ही अल्फ़ाज़ है,
निःसंदेह इसमे मेरी मूढ़ता है,
क्यूँकि इस शब्द में छिपी गूढ़ता है।
मेरी किताब मे कोई रंग नही दिखता,
एक ही लफ्ज़, कोई अंत नही दिखता,
हुई सुरुआत जिस एक लफ्ज़ से,
निःसंदेह अंत भी होगा उसी लफ्ज़ से।

10. "समझ नही पाया"

तुम्हारी आँखों ने कुछ तो कहा था,
सच कहूँ तो आज भी कुछ समझ नही पाया,
मै भी कितना था नासमझ,
तुम्हारी समझ, मै समझ नही पाया।
तुम्हारे कंप कंपाते ओठ कुछ तो कह रहे थे,
शायद प्रेम अगन को महसूस रहे थे,
शायद तुम भी नादान थी कुछ समझने मे,
मै भी तो समर्पण भाव, समझ नही पाया।

❧❧❧

तुम्हारी मौन स्वीकृति एक पहल थी,
तुम्हारी ख़ामोशी बहुत कुछ कह रही थी,
दिमाग की द्वन्दता को,
तुम्हारे खामोश लबो रो कुछ सुनाना था,
फिज़ाओ का रुख, समझ नही पाया।
मै तो तरसता रहा ताउम्र
एक जादुई अल्फाज सुनने के लिए,
उम्र कब ढल गयी, समझ नही पाया।

❧❧❧

तुम्हारी धड़कने भी बहुत कुछ कह रही थी,
मेरी ख्वाहिशों को एक पैग़ाम दे रही थी,

मै तो वक़्त के आग़ोश मे था,
कुछ इस तरह खोया हुआ,
कमबख़्त वक़्त की नीयत समझ नही पाया।
अफसोस कि वक़्त ने छोड़ा,
हर मुकाम पर अपनी शिनाख़्त कुछ तरह,
दो कदम पर है मंज़िल, मै समझ नही पाया।

बदलते हालात बहुत कुछ कह रहे थे,
ख्वाहिशों को अपने शिकंजे मे ले रहे थे,
जाने क्यूँ लाचार होता गया,
अपनी सामर्थ्य को समझ नही पाया।
लगाता रहा गोते असमंजस के सागर मे,
मजबूरी भी कैसी,
अपनी मजबूरी भी समझ नही पाया।

11. "एक खत तेरे नाम"

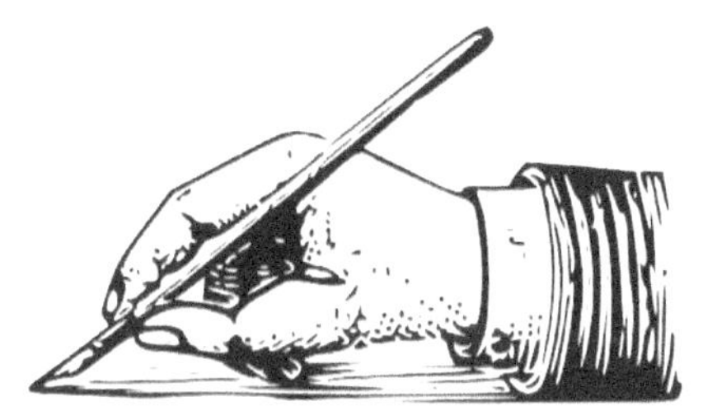

हृदय पटल पर,
लहू की स्याही से,
एक खत तेरे नाम,
मैं हर रोज लिखता हूँ।

कभी यादों की चुभन,
कभी वो खूबसूरत लम्हा,
एक-एक सांस का हिसाब,
मैं हर रोज लिखता हूँ।
एक खत तेरे नाम,
मैं हर रोज लिखता हूँ।

हर रोज निकलता है,
ख़्वाओ का एक कारवां,
गुम हो जाता है कहीं,
लेखनी के चलने से पहले।
गुजर रही है जिंदगी,
वक़्त के बिखरे तिनको पर,
शाम हो जाती है अक्शर,
मध्यान्ह होने से पहले।
पल पल की कवायत,
हर रोज लिखता हूँ।
एक खत तेरे नाम,
मै हर रोज लिखता हूँ।

कभी तेरे आंखों का करिश्मा,
कभी वो लचकन, वो नजाकत,
कभी वो मीठी मधुर वाणी,
वो सीख, वो शख्सियत,
कभी अपनी गुस्ताखियाँ,
हर रोज लिखता हूँ।
एक खत तेरे नाम,
मै हर रोज लिखता हूँ।

मांगता हूँ हर रोज दुवा,
तेरी खुशहाली का,

करता हूँ अर्पण,
एक-एक पल अपनी जिंदगी का,
अफसोस इस खत को पढ़ता नही कोई।
हृदय मे है वो,
परंतु उसका भी इससे वास्ता नही कोई,
फिर भी जज़्बात हर रोज लिखता हूँ।
एक खत तेरे नाम,
हर रोज लिखता हूँ।

12. "तुम्ही तो हो"

निःसंदेह, निर्विवाद तुम्ही तो हो,
मेरे इर्दगिर्द फ़िज़ाओं मे,
मेरी साँसों मे, मेरी निगाहों मे,
मेरे एहसास को छूती हो,
मेरी इबादत को तवज्जों देती हो,
निःसंदेह, निर्विवाद तुम्ही तो हो।

नियंत्रण है तुम्हारा,
मेरे मन के विकार पर,
मेरे हर लब्ज़ पर,
मेरे हर जज्बात पर,
मेरे ख़यालात को तुम समझती हो,
मेरी रगो मे तुम्ही तो बसती हो,
निःसंदेह, निर्विवाद तुम्ही तो हो।

❧❧❧

कभी तुम्हारी मधुमयी आँखे
कभी मंद मधुर मुस्कान,
कभी खामोशी के इशारे,
कभी तुम्हारी चहकन,
उत्प्रेरित करती हैं,
ख़्वाहिशों की उड़ान को,
हरण कर लेती है,
हृदय के अंधकार को,
निःसंदेह, निर्विवाद तुम्ही तो हो।

❧❧❧

मेरी आस्था भी तुम,
मेरा बिस्वास भी तुम
कभी दीप बनकर,
मेरी किस्मत के अँधेरों से लड़ती हो,
कभी शीतल मंद पवन बन,
हिय को पावन करती हो,
निःसंदेह, निर्विवाद तुम्ही तो हो।

मेरी योगनिष्ठा का सूत्रधार,
मेरे व्यक्तित्व का शिल्पकार,
तुम्हारी अनुपस्थिति मे,
निःसंदेह अधूरा हूँ,
पर ना उम्मीद नही,
आशा की कुछ किरणे हैं,
कुछ कर्मो से उम्मीदें हैं,
तुम वापस आओगी,
मेरे आलिंद को सजाओगी,
निःसंदेह, निर्विवाद तुम्ही तो हो।

13. "एक खत लिखना चाहता हूँ"

एक खत लिखना चाहता हूँ,

तुम्हारे इरादों का विजय,
अपनी हार लिखना चाहता हूँ।
तुम्हे एक खत लिखना चाहता हूँ।

कुछ गुजरे लम्हो का करम,
कुछ अपनो का सितम,
कुछ उभरे जख्मों की नसीहत,
कुछ नियति की नीयत,
बहुत कुछ लिखना चाहता हूँ,
अपनी बेबसी लिखकर,
लम्हो का हिसाब लिखना चाहता हूँ।
तुम्हे एक खत लिखना चाहता हूँ।

14. "सोचा तुम्हे खत लिखूँ"

सोचा तुम्हे खत लिखूँ ,
लिखा दो शब्द,
निशब्द हो गया।
अंतर्मन ने कुछ कहा,

बीते लम्हो के प्रति प्रतिबध्द हो गया।
याद है मुझको मेरी जमीं,
द्वंद ही तो है की लडखडा क्यूँ गया।
सिमांकन् तो पहले ही हुआ था,
फिर ये बैचारिक टकराव क्यूँ हो गया।

❧❧❧

कभी सहचर थे, मुकाम एक था,
ख्वाविशे एक थी, आगाज एक था।
पृष्ठभूमि मे था सहज अंतर,
पर उड़ान एक थी, पड़ाव एक था।
तुम निरंतर अविचलित चलती रही,
मै हर कदम पर पीछे मुड़ता रहा।
तुमने वक्त को पीछे छोड़ा,
और वक्त मुझे पीछे छोड़ता रहा।

❧❧❧

आज भी खडा हूँ उसी मुकाम पर,
चला था जहाँ से हौंसलो की बारात लेकर।
अब तो रूह भी सवालात करती है,
कब तक मुस्कराओगे काँटों की सौगात लेकर।
मैंने तो काँटे ही चुने थे राहों पर,
दर्द से नतमस्तक हुआ ही नही।
जनता था हक तुम्हारा है फूलों पर,
मैंने फूलों को कभी छुआ भी नही।

❧❧❧

मै खुश हूँ, खुशी का पैमाना अलग है,
मेरी बंदगी का नजराना अलग है।
सलामत रहो तुम सितारों की गोदी मे,
मेरे तो जीने का भी अफ़साना अलग है।

15. "एक वृक्ष सा खड़ा हूँ"

आज एक सूखा वृक्ष सा खड़ा हूँ,
सावन के सुहाने मौसम मे।
कितनी बारिशें,
कितने तूफ़ान,
जाने कितनी बार,

मौसम को बदलते देखा मैंने।
फिर भी खुद से अनजान खड़ा हूँ,
सवालों के दंगल मे।

🙢❦🙠

कभी दिल की रहनुमाई मे,
कभी फ़र्ज़ की अगुवाई मे,
कभी पौरुष के गुमान मे,
कभी क्षीणता के सिवान मे,
हर बज़्म का मुखौटा बनकर,
हर जख्म को समेटा मैंने।
आज अपनी ही जमी पर खड़ा हूँ,
अवशेषों के शेषांश मे।

🙢❦🙠

कोसों दूर निकल गये वो,
मेरी उंगली पकड़ कर चलने वाले।
मैंने जमीर नही बेची,
मुझे भी मिलते रहे हैं,
हर वक़्त ईमान खरीदने वाले।
शायद खामियाज़ा भुगत रहा हूँ,
किंतु प्रतिपक्ष बन खड़ा हूँ,
प्रहर के प्रखर प्रवाह मे।

🙢❦🙠

कोई खो गया अवसरवादिता मे,
कोइ दिखा ही नही वक़्त की स्पर्धा मे,

मै वक़्त से लड़ता रहा,
अपनो की ढाल बनता रहा,
मशगूल था जिनकी हिफ़ाज़त मे,
न जाने कब वो भी चले गये।
बस अकेलेपन की तस्वीर बन खड़ा हूँ,
इमारतों के खूबसूरत जंगल मे।

16. "मुझे नही आता"

किस दौर से गुजर रहे हैं हम,
जहाँ लिहाज की नही,
लिबास की परख होती है।
लिबासों मे व्यक्तित्व को छुपाना,
बेशक मुझे नही आता।
दीवाना हूँ यारो,
पर दीवानगी का आलम सजाना,
शायद मुझे नही आता।

❧❧❧

एक छबि है मेरे दिलो दिमाग मे,
हर वक़्त निहारता हूँ उसको,
पर कैनवास पर उतारना,
मुझे नही आता।
एक अजीब सा जज़्बा है,
जज़बात है,
पर दिल खोल कर दिखाना,
मुझे नही आता।

❧❧❧

उठती हैं,
चाहत की तरंगें मेरे भी दिल मे,
पर सच कहूं तो,
गुनगुनाना मुझे नही आता।
मेरा मिजाज भी सूफियाना है,
खुद को रंगता हूँ, चाहत के रंगों मे,
किसी और को रंगना,
मुझे नही आता।

❧❧❧

दिल तो मशगूल है उसकी नजाकत मे,
दिमाग खेलता है ख़्वाहिशों का खेल,
पर संवेदनाओ को मुकाम देना,
मुझे नही आता।
खामोश हूँ,

खामोशी मेरी आदत है,
मजबूरी नही।
ये संस्कार है मेरे,
बेअदब होना मुझे नही आता।

❧❧❧

जाने कितने आ गए,
मेरे दिल को तलब करने,
पर दिल को समझना,
शायद उन्हें भी नही आता।
हर रोज आती है,
सपने मे मेरी मोहब्बत,
कुछ गुफ़्तुगू भी होती है हमारे दरमियाँ,
पर प्यार जताना,
उसे भी नही आता।

❧❧❧

कभी डाँटती है,कभी चिढ़ाती है,
पर सच तो ये है,
रुलाना उसे भी नही आता।
कभी बेहिचक, बिंदास,
निकल पड़ा था मै भी,
मोहब्बत का इम्तिहान देने,
पर कुछ सवालो का जबाब,
मुझे नही आता।

❧❧❧

अजीब सरफिरे थे,
वो इम्तिहान लेने वाले भी,
विषय बेइम्तिहा मोहब्बत था,
सवाल दौलत के,
शायद इम्तिहान लेना,
उन्हें भी नही आता।
बेशुमार जख्म मिले अक्शर,
शिकस्त भी मिलती रही,
पर यूँ ही हार जाना,
मुझे नही आता।

उसका मिलना मेरा नसीब था,
उससे बिछुड़ना उसका नसीब था,
मै खुश हूँ,
उसकी बरक्कत देखकर,
रूठना मुझे नही आता।
हमसफर नही,
पर हमनवा तो हैं हम,
फिर गिला किससे, शिकवा किससे,
यही सच समझाना,
मुझे नही आता।

थक चुका हूँ,
इन सवालो का जबाब देकर,
दीवाना हूँ,

दिवानगी का आलम सजाना,
मुझे नही आता।

17. "हाँ मुझे याद है"

हाँ मुझे याद है।
वो सुहानी शाम,
प्रकृति तुम्हे सजा रही थी।
दूधिया रोशनी मे तुम्हारी मुस्कराहट,
सौंदर्य खिलखिला रही थी।

हाँ मुझे याद है।

❧❧❧

मुझे याद है,
नवेली दुल्हन के लिबास मे,
मंडप मे तुम्हारा आना,
वो चाँदनी रात की कौतूहल,
वो सितारों की जमघट,
तुम्हे देख चाँद का शर्माना,
हाँ मुझे याद है।

❧❧❧

मुझे याद है,
वो हस्त मिलाप , वो सिंदूर दान,
संग सात फेरों की कसमें,
वो रश्म रिवाज के गहनों मे सिमटी,
झुकी पलकें, वो हसीन सपने,
हाँ मुझे याद है।

❧❧❧

मुझे याद है,
अरमानों से सजी डोली मे तुम्हे ले आना,
फूलों की सेज पर फूल को बैठना,
यौवन के छलकते गागर को,
समर्पण के सागर मे मिलाना,
हाँ मुझे याद है।

❧❧❧

मुझे याद है,
घने घुघराले केशो की छाया मे,
आहिस्ता-आहिस्ता पलको से,
शर्म का पर्दा उठाना,
वो एहसास गर्म साँसों की ख़ुश्बू का,
वो मधुर मिलन की बेला,
एक स्वर मे प्रणय गीत गुनगुनाना,
हाँ मुझे याद है।

मुझे याद है,
वो पहली मुलाकात भी,
वो आखिरी मुलाकात भी,
जुदाई भी, सौगात भी,
हाँ मुझे याद है।

18. "उपहार"

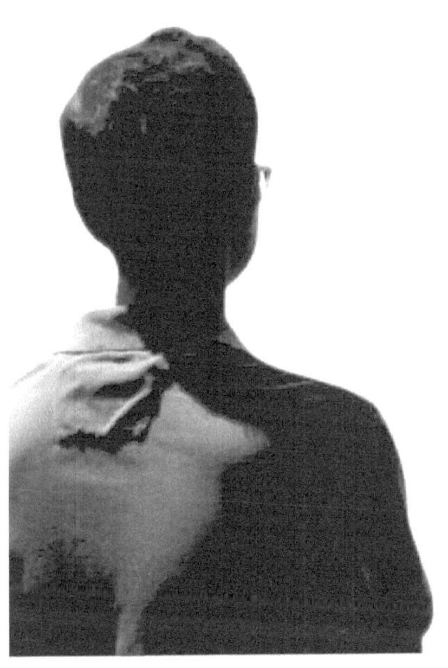

होकर पास दूर होने का एहसास दे गया कोई,
सीखा कर अदब जीने का बैराग दे गया कोई।
मै लगाता रहा हर रोज विश्वास का एक पौधा,

बहार आने से पहले ही बनवास दे गया कोई।

❧❧❧

अडिग चट्टान सा खड़ा था तुफानो से लड़कर,
वाह ! मुझे ही "पत्थर सा" उपनाम दे गया कोई।
चाहत संग अपनी खुशियों का सौदा मैने किया,
मेरी बेपनाह चाहत को नीलाम कर गया कोई।

❧❧❧

खुद मे ही खो गया हूँ मै कहीं अनजान बनकर,
रोमांच के नाम पर हर बार सदमा दे गया कोई।
बैठा हूँ खुली किताब बनकर जिंदगी के मुहाने पर,
पाक इरादों को बेवफाई का इल्जाम दे गया कोई।

❧❧❧

19. "सफर"

इश्क़ का सफर हुआ बदहाल है,
दिल है जवाँ, जिस्म बेहाल है,
कभी सोचता हूँ एकांत मिलने पर,
शायद अब मै लाईलाज हो चुका हूं।
हाँ मै ढलती हुई शाम हो चुका हूँ।

गुजरे लम्हो के आईने से जब भी,
देखता हूँ बदलते हालात के तेवर,
अंतर्मन के अँधेरे से आवाज आती है,

शायद अब मै शेषांश हो चुका हूँ।
हाँ मै ढलती हुई शाम हो चुका हूँ।

जबसे निश्चल अनुराग मे राग आ गया,
संपूर्णता मे "मै" का बहाव आ गया,
शिकस्त मिली अपने ही स्वाभिमान से,
शायद अब मै सुशांत हो चुका हूं।
हाँ मै ढलती हुई शाम हो चुका हूँ।

वो मधुर मिलन की मधुर बेला,
प्रथम एहसास और सौगातो का मेला,
आज भी मन मंजूषा मे श्रृंगार करती है,
शायद अब मै लाचार हो चुका हूँ।
हाँ मै ढलती हुई शाम हो चुका हूँ।

20. "मुझे नही पता"

कितना पराया हो गया हूँ खुद से,
मेरा अपना क्या है, मुझे पता ही नही।
बेअदब बेपरवाह शब्दो से नवाजा जाता हूँ,
भुगत रहा हूँ मोहब्बत की सजा किस्तों मे,
खता क्या थी, मेरी मुझे पता ही नही।

बदनामियों का मंजर खड़ा है मेरे वजूद पर,
हर रोज बनाता हूँ अपनी बेगुनाही की तस्वीर,
कौन बदरंग कर देता है मुझे पता ही नही।
बस थोड़ा सा जुनून, थोड़ा रुआब,
थोड़ा शौकिया मिजाज लेकर चलता हूँ,
मेरी औकात क्या है, मुझे पता ही नही।

अपने ही शहर मे एक मुसाफ़िर हूँ मै,
बहती हुई कश्ती सी है जिंदगी मेरी,
साहिल कहाँ है, मुझे पता ही नही।
बेवक्त टकराता हूँ बैचारिक तूफानों से,
हर कोई आता है मुफ्त का मशविरा देने,
मेरा अस्तित्व कहाँ है, मुझे पता ही नही।

अब तो खुलकर मुस्कराने की फुरसत कहाँ,
बँध गया हूँ जाने कितनी जिम्मेदारियों मे,
मेरी खुशी कहाँ है, मुझे पता ही नही।
एक तमन्ना है उनके चेहरे पर हँसी देख लूँ,
अपनी इबादत को हसीन मंज़िल दे दूँ,
पर वो कहाँ है, मुझे पता ही नही।

उम्र गुजार दी तनहाइयों मे सिमट कर,
की रोशनी से मुहब्बत अंधेरो से लिपट कर,
वो रोशनी कहाँ है, मुझे पता ही नही।

बड़ा अजीब है मेरे टूटे दिल का दास्तान भी,
उधार की जिंदगी है, बेताबी से जी रहा हूँ,
मालिक कौन है, मुझे पता ही नही।

इश्क़ मे शिकस्त एक खूबसूरत नशा है,
सच है बेसुधी का अपना एक मजा है,
मै भी बेसुध हूँ, मुझे पता ही नही।
जिंदगी जब भी करवट बदलती है,
उपलब्धियां पीछे छोड़ देती है,
शायद मै भी कंगाल हूँ, मझे पता ही नही।

21. "ऐ चाँद थोड़ा तो ठहर"

ऐ चाँद थोड़ा तो ठहर।
देख "मेरे चाँद" का रूप प्रखर।
तूँ मूक बधिर, वो स्वर कोकिला,

स्नेह कुंज की है आधार शिला,
मृदु भाषी, सहज, सुंदर, शालिनी,
कमलनयनी, कर्पूरी, परमंगना, पाणिनि।
ऐ चाँद थोड़ा तो ठहर।
देख "मेरे चाँद" का रूप प्रखर।

ऐ चाँद थोड़ा तो ठहर।
देख "मेरे चाँद" का रूपप्रखर।
अर्क की दमक, हर्ष की प्रहरी,
हिम सा शीतल, झील सी गहरी,
तूँ रात्रि का बोध, वो काम रागिनी,
तुझसे सुखद, वो जीवन स्वामिनी।
ऐ चाँद थोड़ा तो ठहर।
देख "मेरे चाँद" का रूपप्रखर।

22. "तुम्हे चाँद कहूँ कैसे"

तुम्हे चाँद न कहना,
शायद खता थी मेरी,
अब तुम ही बता दो,
तुम्हे चाँद कहूँ कैसे?

किसी संजीदा आफ़ताब को,
बुझा हुआ चिराग़ कहूँ कैसे?

तुम हिम सी शीतल हो,
सागर सी गहरी भी,
तुम मे खुद की आभा है,
सूरज सी गर्मी भी,
किसी दयार-ए-कोहिनूर को,
मुश्त-ए-गुबार कहूँ कैसे?
अब तुम ही बता दो,
तुम्हे चाँद कहूँ कैसे?

तहजीब के इस नफ़ासत को,
महज एक चाँद कहूँ कैसे?
किसी संजीदा आफ़ताब को,
बुझा हुआ चिराग़ कहूँ कैसे?
अब तुम ही बता दो,
तुम्हे चाँद कहूँ कैसे?

23. "जब एक फूल खिला"

जब एक फूल खिला मन के आँगन मे,
ख़ुशबू से भर गयी रति राग की झोली,
मानो सावन ने ले ली फिर से अंगड़ाई,
दौड़ी गुंजन करती अरमानो की टोली।
जब एक फूल खिला मन के आँगन मे।

जब एक फूल खिला मन के आँगन मे,
कुछ तो सो गयी सब सुध बुध खोकर,
कुछ ने नव सृजन का सम्मान किया।

कुछ दौड़ पड़ी उसको सिंचित करने,
कुछ ने पंखुड़ियों से ही रस पान किया।
जब एक फूल खिला मन के आँगन मो

जब एक फूल खिला मन के आँगन मे,
फिर हुआ वज्रपात रस्मो से रिवाजो से,
संबंधों की परिभाषा का अपमान हुआ।
वो महक उठी किसी और के आँगन मे,
प्रेम तपन में तप कर मन रेगिस्तान हुआ।
जब एक फूल खिला मन के आँगन मे।

जब एक फूल खिला मन के आँगन मे,
वर्षों बीत गए मन के आँगन को उजड़े,
पर उसकी मीठी ख़ुशबू अब भी आती है।
निःस्वार्थ, निश्छल प्रेम की अनुभूति मे,
अश्रु की धारा अब भी बहती रहती है।
जब एक फूल खिला मन के आँगन मे।

24. एक दिवा स्वप्न

प्रणय गीत बन अधरों पर
तुम अक्षर आ जाती हो।
यौवन के दिन वापस दिखते हैं,
पल्लू हवा मे जब लहराती हो।
ढलती उम्र के इस पतझड़ मे,
जब सावन की घटा छा जाती है।

अभिलाषाओं के सूखे पेड़ो मे,
नूतन पंखुड़ियाँ आ जाती है।

नही याद कुछ मदहोशी मे
कब शाम ढली कब हुआ सबेरा।
मै था खोया स्वप्निल दुनियाँ मे,
तुमने कर ली हिय मे बसेरा।
वर्षों बीत गये हम-नयन हुये,
पर नयनो मे तुम ही दिखती हो।
मै तो हूँ सागर सा खरा पानी,
तुम गंगाजल जैसी दिखती हो।

गुलाबी गुलाब के ग़ज़रे पर,
जब प्रीत मकरन्द मंडराते है,
मन मयूर भी कुछ कहता है,
जब केशों के बादल लहराते हैं।
छम- छम बजती पैजनियाँ सुन,
शब्द गीत ग़ज़ल बन जाते है।
वक़्त के टूटे आईने मे अक्षर,
गुजरे लम्हे ही नजर आते है।

25. "तलाश"

एक रात, एक अनजान शहर मे,
तोड़ सारी बंदिशें बेख़ौफ़, बिंदास,
चाहत का फिर एक पैगाम लेकर
ढूढ़ रहा था तसव्वुर का पलाश।

दूधिया रोशनी मे रात्रि की काया,

मन मंजूषा मे हिलोरे ले रही थी।
इंतज़ार था मिलन की घड़ी का,
हृदय स्पंदन भी तीव्र हो रही थी।

जब प्रसून सी सजी सँवरी बल्लरी,
यूँ ही गुजरी आंखों के गलियारे से।
पुलकित किन्तु स्तब्ध, निशब्द हुआ,
हुआ धन्य धन्य छड़िक उजाले से।

लौटना ही था उम्मीदों को समेट कर,
यादों को नये लिबास मे लपेट कर।
नजर नही आयी पल्लवी फिर कभी,
तस्वीरे देखता हूँ जिंदगी से जोड़कर।

26. "हम"

हेतरुणी,
हे सुरबाला,
तुझमें भी "मैं" है,
मुझमे भी "मैं" है।
"मैं" का कोई अस्तित्व नही,
जीवन का है गुहार नही,
कर "मैं" को सीमित,
"हम" को स्वीकार करें,
छोड़ अहम बन सहज,

एकत्व को अंगीकार करें।

❧❧❧

हे मृगनयनी,
हे कुमुद कामिनी,
"मैं" मृगमरीचिका का द्योतक है।
"मैं" मे मानववाद नही,
"मैं" की कुंठा से बाहर आओ,
"मैं" शाश्वत राग नही।
"मैं" एक बांस का पौधा है,
वृद्धि है फल नही।

❧❧❧

हे रमणी,
हे रूपायनी,
"हम" है खुशियो का मूलमंत्र,
"हम" है उद्धार यन्त्र,
"हम" शाश्वत है,
"हम" सत चित आनंद है।
"हम" मे "मैं" का कर विलय,
चल हम भी "हम" बन जायें।
दो पल का है राग प्रिये,
गीत मधुर कुछ हम भी गायें।

❧❧❧

27. "अग्नि"

कहीं अग्नि आहुति लेकर,
रिश्तों को एक पहिचान दे रही थी,
कहीं दिल की आहुति लेकर,
जिंदगी निरस बना रही थी।
अजीब खेल था नियति का,
कहीं अरमान सज रहे थे,
कहीं अरमान दफन हो रहे थे।

वो आईना भी झूठा था,
नही बना सका प्रेम की तस्वीर कहीं।

वो इकरार भी झूठा था,
खो दिया था अपना असली मुखौटा कहीं।
इंसाफ नही होता मुक़द्दर के खेल मे
कोई सज रहा था आईने के सामने कहीं,
कोई टूटे आईने की तरह बिखर गया था कहीं।

❧❧❧

कहीं दिल सजाकर,
इजहार कर रहा था कोई,
कहीं दिल को ही ख़्वाहिशों का,
कब्रिस्तान बना रहा था कोई।
नही होता प्रेम का पंचनामा कहीं,
प्रेम को ठुकरा कर,
प्रेम की कसमें खा रहा था कोई।
कहीं प्रेम के नाम पर,
खुद को जला रहा था कोई।

❧❧❧

कोई खुश था,
अपने सपनों की आशियाँ सजाकर,
कोई खामोश था, मौत के मुहाने बैठकर,
राज ये मुक्कदर का खेल है,
वो खुश है ,
किसी और के आँगन की तुलसी बनकर,
तूँ खुद को जला रहा है आहुति बनकर।

❧❧❧

28. "वो" एक पहेली

मेरी खुशियों की मिन्नत, उसने माँगी बहुत,
जब भी पूँछा, वो हमेशा झुठलाती रही।
जाने कैसी- कैसी ख्वाविशे थी उसकी,
नूरानी चेहरे पर चेहरा सजाती रही।
रोयी थीबहुत वो भी जुदाई के दिन,
सामना हुआ तो आँशु छिपाती रही।
मजबूरी थी उसकी कुछ इस कदर,
ख्वावों मे भी आने से कतराती रही।

एहसास था उसे यौवन के दहलीज का,

हुस्न के मेले मे वो भी नित् इतराती रही।
शायद वाक़िफ़ थी वक़्त की करवटों से,
बात चाहत की उठी तो वो शरमाती रही।
माना फासले बहुत है दरमियाँ हमारे,
पर पास आयी तो नजरे चुराती रही।
दीदार की थी फिदरत उन्हे भी मगर,
निगाहें मिलाकर निगाहें बचाती रही।

इश्क़ के आँगन मे एक फूल है वो ऐसी,
नजर आयीं नही पर खुशबु फैलाती रही।
चेहरे पर शिकस्त कभी दिखा ही नही,
वो तो गम मे भी हँसती, मुस्कराती रही।

29. "वो लम्हा बहुत याद आता है"

वो लम्हा बहुत याद आता है,
खुद से रूठना, खुद को ही मनाना,
जैसे दिये को बुझाना, फिर जलाना,
प्रियतम की तस्वीर दिखाकर ,
चाँद को चिढ़ाना,
हमन के आगोश मे खुद को भूल जाना,

वो खूबसूरत पड़ाव आज भी बुलाता है।
वो लम्हा बहुत याद आता है।

❧ ❧ ❧

वो सपना,
जो खुली पलकों पे सजता था,
उम्मीद की पराकाष्ठा थी,
अमावस को भी चाँद दिखता था।
वो आबोहवा जिसमे जोश था, उमंग था,
तूफानों का सामना भी एक संकल्प था।
वो खूबसूरत पड़ाव आज भी बुलाता है,
वो लम्हा बहुत याद आता है।

❧ ❧ ❧

वो बेअदब, बेहिसाब, बेवजह
खुद को उलझाना,
वो पागलपन, वो जुनून,
वो दिलेरी का मिजाज,
मर्यादा की पहरेदारी मे,
वो दीवानगी का आलम,
जाने क्यूँ आज भी बुलाता है,
वो लम्हा बहुत याद आता है।

❧ ❧ ❧

कहाँ है वो दिलेर दोस्तों की टोली,
कहाँ है वो ख़्वावो की हमजोली,
खुशियाँ है, खुशामद का अंबार भी,

कहाँ है वो संतोष का खजाना,
वो इश्किया खुमार, वो सूफी अफ़साना,
अर्थ का अर्थ बदल गया है,
अर्थव्यवस्था की उलटन पलटन मे,
बस यही सन्ताप हर वक़्त रुलाता है,
वो लम्हा बहुत याद आता है।

वो कुछ लम्हे,
जिसे आज भी मै जीता हूँ,
वो मशक्कत का सुकून,
जिसे आज भी खोजता हूँ,
पर शायद ..जीने की राह मे..
जीना भूल गया हूँ।
बचपन का वो सुनहरा...
सपना भूल गया हूँ।
वो अतीत के पन्ने,
बहुत कुछ याद दिलाता है,
वो लम्हा बहुत याद आता है।

30. "एक सफर, हम दो राही"

एक सफर, हम दो राही,
एक साथ चल रहे थे।
कुछ सपने उसकी आँखों से देखा,
कुछ हम दोनों ने ही बुने थे।
फिर आया एक मोड़, दो राहें,
साथ चलना मुनासिब न था।
थी उम्मीदे चंद कदम बाद फिर मिलने की,
पर किस्मत को शायद गवारा न था।
वक़्त की बेड़ियाँ मे पाँव लड़खड़ाने लगे,
संशय के बादल नित गहराने लगे।
कभी चिंतन कभी मंथन,

कभी प्रायश्चित के मार्ग मे,
मै नित जलता रहा,
विरह की धधकती आग मे।
उस मोड़ पर पहुँचने से पहले,
काश कोई विकल्प चुन लेता।
वापसी की उम्मीद मे बिछुड़ने से पहले,
रिस्ते को एक पहचान दे देता।

आज तन्हाइयों के कांटो से,
बिखरी यादों की तुरपाई कर रहा हूँ।
जो सपने खुली आँखों से देखे थे,
झूठी तसल्ली, जो दिल को दी थी,
आज उसी की भरपाई कर रहा हूँ।

जानता हूँ नही पड़ेगी मेरे अंजुम में
उसकी छोटी सी परछाईं भी।
फिर उसी मोड़ पर क्यूँ खड़ा होता हूँ,
साथ लेकर पल पल की रुसवाई भी।
अकेली राह मे कुछ कंकड़, कुछ पत्थर,
कुछ काँटे उसे भी चुभे होगे।
कहीं तपन, तो कहीं शीत,
कुछ छाले उसके पाँव मे भी उपजे होंगे।
आसान नही था मेरे अस्तित्व को भूलना,
विरह के कुछ जख्म निःसन्देह उभरे होंगे।
शायद कामयाबी की इस लंबी दौड़ मे,

कुछ घाव आशुओं से उसने भी भरे होंगें।

वो वापस नही लौटी
इसमे भी कोई शिगूफा होगा।
शायद अति महत्वाकांक्षा ने ही
कोई जाल बुना होगा।
नही चाहत अब कोई
फिर से हमसफर बनने की।
चाहत है सिर्फ इतनी ,
उसकी पथरीली राहों में फूल बिखेरने की।

31. "मन की व्यथा"

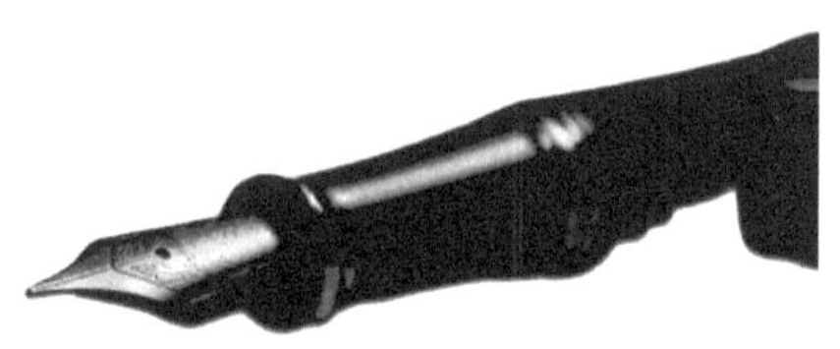

गुमनाम जिंदगी मे,
रिश्तों की कशमकश,
घायल लेखनी,
निःशब्द शब्दो का तरकश,
व्यथित हृदय की करुण कथा,
यूँ ही बेलगाम अश्को को,
मोती कहूँ कैसे?
तूँ ही बता कुछ लिखूँ कैसे?

मेरी खामोशी चुकाती है,
मेरे हर सांस की कीमत।
मेरे जज़्बात बताते हैं,
मेरे ख़्वावो की नीलामी की कीमत।
किराए की इस जिंदगी को,

किसी के नाम लिखूं कैसे?
जहाँ लगती हो ईमान की मंडी,
इंसाफ की बात लिखूं कैसे?
तूँ ही बता कुछ लिखूँ कैसे?

उम्र की चादर धूमिल हो गयी,
मन मयूर है खामोश हुआ।
मध्यान्ह काल मे है गोधूलि आयी,
पदचिन्हों का है लोप हुआ।
पतझड़ के इस मौसम को,
ऋतुराज लिखूं कैसे?
रूठी किस्मत की माया को,
प्रतिसाद लिखूं कैसे?
तूँ ही बता कुछ लिखूँ कैसे?

ये किस मोड़ पर है मिला,
फलसफा जिंदगी का।
निकल चुका हूं बहुत दूर,
लेकर तोहमत आवारगी का।
मैं तो हूँ खुद से ही खफा,
किसी और का नाम लिखूं कैसे?
खुद ही चला हूँ कांटो की बिसाद पर,
चुभन पर सवाल करू कैसे?
तूँ ही बता कुछ लिखूँ कैसे?

दर्द अक्षर आगोश मे लेता है,
कदम यूँ ही लड़खड़ा जाते है।
निर्जन, दुष्कर राहों पर,
कहाँ पलाश उगाये जाते है।
विकल्पहीन इस जीवन को,
खुशहाल लिखूंकैसे?
तूँ ही बता ऐ स्वप्न मंजरी,
खुद को हमराह लिखूं कैसे?
तूँ ही बता कुछ लिखूँ कैसे?

32. "तू ही तू नज़र आती है"

रूबरू होता हूँ.....
जब तेरी तस्वीर से,
मुहब्बत की महक आती है।

मेरी आँखों पर है
तेरी आंखों का कब्जा,
प्रकृति मे बस तेरी ही
मासुम मुस्कान नजर आती है।

निकल पड़ता हूँ जब कभी,
सुकून -ऐ- जिंदगी ढूढ़ने,
मेरे ही लिबास से ऐ हम-नफ़स,
तेरे आँचल की खुशबू आती है।
आवाम मे नही मुहाफ़िज़ तुझसा कोई,
महफूज़ होता हूँ बस तेरे पास,
इश्क़ का खुमार भी ऐसा,
फ़िज़ा मेंएतमाद नजर आती है।

कभी पास, कभी दूर,
हो चुकी अब कवायत बहुत,
उम्र का ये इशारा भी,
दीदा-ए-पुर-नम मे दिखती है।
काश! मिल जाता पनाह,
तेरी नजरो के दायरे मे,
मेरी तो जिंदगी भी,
तेरे इर्द-गिर्द नजर आती है।

नही हुनर मुझमे

खूबसूरती को परखने की,
मेरे लिए तो मेरे यार,
खूबसूरती का पैमाना भी
तुम हो।
तेरे महकमे से हूँ दूर बहुत,
मेरी आशियाँ मे है अंधेरा बहुत,
मै एक पतंगा हूँ,
तुम मंदिर का दिया,
मेरी जिंदगी मे उजाला भी
तुम हो।

33. "जब भोर का सूरज"

जब भोर का सूरज,
शनैःशनैः ऊपर चढ़ता जाता है,
जब मध्यान्ह का सूरज,
अंगारों की बारिश करता है,
याद तुम्हारी आती है प्रियवर,
जब गोधूलि का सूरज,
सागर मे छिपने जाता है।
जब तारों की महफ़िल सजती है,
जब आसमान दुधिया हो जाता है,
जब चाँद दिखाता है चेहरा,
याद तुम्हारी आती है प्रियवर,
जब जुगनू जागृत हो जाता है।

जब घन घोर घटा छा जाती है,
जब मयूर पंख लहराता है,
जब बहती है शीतल मंद पवन,
याद तुम्हारी आती है प्रियवर,
जब सावन की बूदें गिरती हैं।
जब पूजा की थाल सजा,
देवालय मे शीश झुकने जाता हूँ,
जब मंदाकिनी के आँचल मे,
तन मन पावन करने जाता हूँ,
याद तुम्हारी आती है प्रियवर,
जब अग्निकुंड के फेरे लेकर,
सपनों की आहुति देने जाता हूँ।

❧❧❧

जब हृदय स्पंदन बढ़ जाता है,
जब साँसे गिन-गिन कर मिलती हैं,
जब ढलते हैं आँखों से आँशु,
याद तुम्हारी आती है प्रियवर,
जब अपराध बोध से घिर जाता हूँ।
जब कर्म स्थल पर दीप जलाने,
अग्निपथ पर चलने जाता हूँ,
जब किस्मत की बिखरी कलियों से,
सौभाग्य सजाने जाता हूँ,
याद तुम्हारी आती है प्रियवर,
जब ब्याधि समुंदर मे मै,
पुरुषार्थ अजमाने जाता हूँ।

जब कलरव करते पक्षी,
नभ से बातें करते है,
जब मदमस्त मकरंदो की टोली,
कलियों को चूमा करते है,
याद तुम्हारी आती है प्रियवर,
जब दो हंशो का जोड़ा,
मर्म हृदय का समझाते हैं।

34. "एक एहसास"

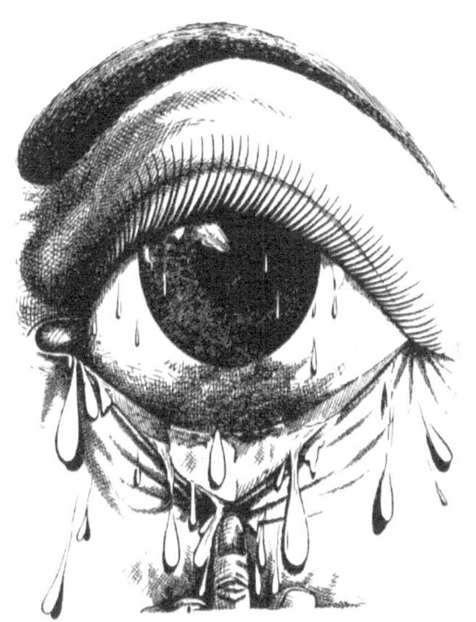

एक खूबसूरत एहसास,
मुझे जीने नही देता,
देता है चुनौती मेरे वर्चस्व को,
किंतु काल की गोद मे,
मुझे सोने भी नही देता।
उलझ कर रह गया हूँ,
किंतु परंतु के खेमे में,

ख़्वाविषों का ये तवाह मंजर,
जाने क्यूँ मुझे रोने भी नही देता।

❧❧❧

ख़्वाविषों के विशाल मुहल्ले मे,
जरूरतों की गली है गुम,
भटक गया हूँ जज्बातों मे कहीं,
पर ये दिल, रास्ता खोजने नही देता।
निकलते है यादों के पिटारे से,
कुछ नज्म, कुछ मोती,
ये भी एहसास ही तो है,
कच्चे धागों मे इन्हें पिरोने नही देता।

❧❧❧

मै मंद नही पर वक़्त तेज है,
निकल जाता है बहुत दूर,
विकल्पों की उलझी दुनियाँ मे,
मेरी सोच मुझे विकल्प चुनने नही देता।
वाकिफ़ हूँ इस हक़ीक़त से,
तूँ कहीं और नही मेरे जेहन मे है,
फिर भी फासले हैं बहुत हमारे दरमियाँ,
हमारा मुक़द्दर हमे मिलने नही देता।

❧❧❧

अकेला नही एकांत वास मे भी,
संभावनाओं के तीर चुभते हैं,
ये कैसी पराकाष्ठा है एहसास की,

जिंदगी को जिंदगी से मिलने नही देता।
ख़्वाविषों का ये तवाह मंजर,
जाने क्यूँ मुझे रोने भी नही देता,
एक खूबसूरत एहसास,
मुझे जीने नही देता।

35. "मिट्टी का कुल्हड़"

मिट्टी के कुल्हड़ मे चाय,
एक एहसास अपने वतन का,
यादों के पिटारे से,
झलकते नजारे बचपन का,
चाय का जायका,
संग वतन की मिट्टी की खुशबू,
जैसे अधरों को छू लिया किसी ने,
दो पल के लिए ही सही,

पर पुरानी यादों संग,
खुद के लिए दो पल तो जी लिया मैने।

कुल्हड़ का अधरों से स्पर्श,
गुजरे लम्हो का एक एहसास था,
खामोश पड़े जज्बातों मे,
स्वर्णिम यादों का सैलाब था।
वो मिर्ची का पराठा और काली चाय,
वो रेत के ढेर पर ख़्वाहिशों का सजाना,
नीलाम्बर मे पक्षियों का कलरव,
गंगा तट पर लहरों का टकराना,
मिट्टी का कुल्हड़ बहुत कुछ कहता गया,
अतीत की परतें खोलता गया।
सांसों की गर्मजोशी जैसी,
खुशबू बिखेरती भाप,
किसी के पास होने का एहसास दे रहा था,
कंपकंपाते अधरों पर,
बीते हुए स्वर्णिम लम्हो की सौगात रख रहा था।
आहिस्ता-आहिस्ता चाय ठंडी पड़ गयी,
पर एहसास कायम था,
फिर तो पचास की उम्र मे भी,
बीस वाला जज्बा जायज था।

36. "जिंदगी और इम्तिहान"

जिंदगी और इम्तिहान,
एक सी उलझन, एक सी भाषा,
कहीं बदलती शख़्सियत,
कहीं बदलती अभिलाषा,
कदम कदम पर इम्तिहान,
बनाती है जिंदगी की पहिचान।
रूक जाती है जिंदगी,
इम्तिहान के रुकते ही,
ढलान दिखने लगता है,
इत्मीनान के मिलते ही।
अजीब सा सामंजस्य है,

जिंदगी और इम्तिहान मे,
डर लगता है कभी खुद से,
कभी अपनो के ऐतबार से।
डरता हूँ पर लड़ता हूँ,
कभी जूठी ख्वाहिशों से,
कभी रूठी ख्वाहिशों से
उम्मीद की लौ हर रोज जलाता हूँ,
शाम ढलते ही निराश हो जाता हूँ,
इत्मीनान बदल जाता है इम्तिहान मे,
निकल पड़ता हूँ फिर इत्मीनान की तलाश मे।
जिंदगी यूँ ही चलती है,
उम्मीद की एक लौ बुझती है,
दूसरी स्वयं जलने लगती है,
समय का चक्र फिर से घूमता है,
इम्तिहान सामने खड़ा दिखता है।

37. "वो रात कब आयेगी"

अनजान पथ, अकेला पथिक,
वो आखिरी सौगात कब आयेगी?
जिस रात की सुबह ना हो,
वो रात कब आयेगी?

उम्मीदों की लहरें अब उठती नही,
यादों की कहर थमती नही,

बिलखती जीर्ण जर जर काया,
अमावस्या कब आएगी?
जिस रात की सुबह ना हो,
वो रात कब आयेगी?

प्रेमाग्नि मे यौवन गुजरा,
कर्मागन मे शाम ढली,
पल पल कुछ यूँ बीता,
जैसे निःशब्द भाव मे सदियाँ बीती,
अविरत आँशुओ की धारा में,
राग रति कब आयेगी?
जिस रात की सुबह ना हो,
वो रात कब आयेगी?

तस्वीरों संग फेरे लेकर,
खुद से खुद का वर्चस्व छीन लिया,
यौवन की दहलीज पर आकर,
पंख लगाना छोड़ दिया।
तन्हाई के इस आलम में
नींद मुझे कब आयेगी?
जिस रात की सुबह ना हो,
वो रात कब आयेगी?

38. "बन कर शब्द, जब तुम उतरती हो"

बनकर शब्द,

जब तुम उतरती हो,

कागज के पन्नो पर,

ये बिरान हृदय,

गुलफाम हो जाता है।

हर शब्द गूँजते है कानो मे,

जुबां भले ही हो खामोश,

राज दिल का,

सरेआम हो जाता है।

ये भ्रम नही,

शब्दो की शख़्शियत है,

कागज पर तेरा चेहरा,

उभर आता है।

कभी खुशी के तरानों मे

कभी गम के अफसानों मे,

जब ढूढता हूँ शब्दो मे तुझे,

इन नादान आंखों से,

अश्क़ छलक जाता है।

लेखनी जब गूँथती है,

शब्दो की माला,

शब्द -शब्द मे

एक अलग चेहरा नजर आता है।

कभी दोस्त, कभी प्रेरक,

कभी देवी, कभी देवांगिनी,

पर जब भी आयी ख़्वाबों मे,

एक अलग किरदार नजर आता है।

कितना वर्चस्व है तुम्हारा,

मेरी जिंदगी पर,

तुम्ही से हुई है शुरू,
तुम्ही पर अंत नजर आता है।
ये शब्द सब अमर हैं,
मेरी लेखनी से,
जो तुम लिख रही हो,
इनके भावो मे जन्मांतर का
प्रतिसाद नजर आता है।

39. "गुमनामी का दौर"

गुमनामी का ये दौर है,
बस सफर कर रहा हूँ,
कभी राहों के कंकड़ को,
कभी पाव के छालों को,
बस तसल्ली दे रहा हूँ।
निःसंदेह नही पता मुझे,
मौत के मंदिर का पता,

पाव कब्र मे रखकर,
जिल्लत ए जिंदगी को,
वजह दे रहा हूँ।

❦❦❦

यूँ तो रोज आती है,
मौत मेरे सिरहाने पर,
क्यूँ हो जाती है नदारद
कुछ गुफ़्तगू करने के बाद।
मर मर के जी रहा हूँ,
या मरने के वास्ते जी रहा हूँ,
लौट आता हूँ हर रोज,
खुद को अलविदा कहने के बाद।

❦❦❦

गुनहगार हूँ ऐसे गुनाह का,
जो गुनाह कभी हुआ ही नही,
सजा है मिली उम्रकैद की,
पर कैद तो कभी हुआ ही नही।
थोड़ा तिरस्कार, थोड़ा अकेलापन,
भटक रहा हूँ बिचारो के जंगल मे,
एक असफल परीक्षार्थी बनकर।

40. "ऐ प्रियतम कौन हो तुम?"

ऐ प्रियतम कौन हो तुम?
मेरी आवाज हो,
मेरे सामर्थ का आगाज हो,
मेरे कर्मों की पहचान हो,

या दिल के आँगन की शान हो,
ऐ प्रियतम कौन हो तुम?

❦❦❦

मेरे रगो मे बहती सांस हो,
मेरी ज़मीर हो, आसमान हो,
मेरी पूजा की थाल मे पलास हो,
मेरी भक्ति, मेरी श्रद्धा,
या मेरा विश्वास हो,
ऐ प्रियतम कौन हो तुम?

❦❦❦

तुम गंगा तुम चारो धाम हो,
मेरे घर की लक्ष्मी हो,
मेरी वाणी मे सरस्वती हो,
तुम गीता हो, रामायण हो,
या वेदों का सारांश हो,
ऐ प्रियतम कौन हो तुम?

❦❦❦

प्रतिभा की तुम प्रतिमा हो,
सौंदर्य जगत की गरिमा हो,
मेरे पुरुषार्थ का सूत्रधार हो,
मेरे व्यक्तित्व का शिल्पकार हो,
या मेरी अभिव्यक्ति मे सुबिचार हो,
ऐ प्रियतम कौन हो तुम?

❦❦❦

मेरी सुबह हो, मेरी शाम हो,
मेरे एक एक पल का हिसाब हो,
तुम्ही प्रथम, तुम्ही आखिरी मुकाम हो,
या मेरे सपनों का उड़ान हो,
ऐ प्रियतम कौन हो तुम?

❧❧❧

साहिल भी तुम हो, कश्ती भी तुम हो,
मेरी आंतरिक शक्ति भी तुम हो,
तुम मेरा अस्तित्व हो, प्रभुत्व हो,
तुम मेरी सक्रिय संवेदना हो,
या एक आदर्श प्रेरणा हो,
ऐ प्रियतम कौन हो तुम?

❧❧❧

मेरे स्वाभिमान पर लगा तिलक हो,
मेरे अधरों पर बसी चहक हो,
मेरी आकांक्षाओं का आधार हो,
मेरे चरित्र की बुनियाद हो,
ऋतुओं का श्रृंगार हो,
या मनभावन मोहक बहार हो,
ऐ प्रियतम कौन हो तुम?

❧❧❧

मेरे हृदय मे बसती हो,
सपनों मे सजती सँवरती हो,

तुम बिन अधूरा हूँ, निराश नही,
अगले जन्म का वास्ता है,
हम मिलेंगें इसमें कोई संदेह नही,
बस इतना बता दो,
ऐ प्रियतम कौन हो तुम?

❦❦❦

41. "शाम"

वो भी एक शाम थी,
एक शाम, जो हँसाती थी,
रुलाती थी, बिखर जाती थी।
बार-बार वो शाम,
एक एहसास दिलाती थी,
"तुमने वो नही किया, जो तुम कर सकते थे"
अग्निपथ पर तुम भी तो चल सकते थे।

तुमने सिर्फ हार ही नही मानी,
अपने अस्तित्व से की है बेईमानी।
वो शाम जज्बातों को जगाती थी,
कर्तव्य बोध कराती थी।
वो शाम एक पैगाम थी,
वक़्त की पहचान थी।

❧❧❧

वो भी एक शाम थी,
अफसोस ये भी एक शाम है।
ये शाम भी हँसाती है,
परंतु चिढ़ती नही, चिढ़ाती है,
"चलो एक और दिन गुजार ली तुमने",
मौत ही सही पास तो बुला ली तुमने।

❧❧❧

वो भी एक शाम थी,
दिन भर की जिंदादिली पर गर्व होता था,
हर पल खुद मे प्रबल होता था।
महफ़ूज़ था यारो की यारी मे,
मशगूल था इश्क की खुमारी मे।
वो हर शाम सुहानी होती थी,
वो बात रूमानी होती थी।
वो भी एक शाम थी,
मुस्कान की पहचान थी।

❧❧❧

वो भी एक शाम थी,
अफसोस ये भी एक शाम है,
दोस्तों के बीच भी तन्हा हूँ,
खुद को नही पता मै कहाँ हूँ।
काश, इस शाम की भी शाम होती,
काश, ये शाम भी बेजुबान होती,
दिल का जख्म कोई सहलाता नही ,
शायद खुद पर तरस आता नही।
ये शाम भी एक रूप है उसी शाम की,
प्रतिबिंब है कड़वे एहसास की।
ये भी तो एक शाम है,
वो भी एक शाम थी।

❧❧❧

वो भी एक शाम थी,
शाम ढलती थी नई उम्मीदों के साथ,
नयी उमंग, नये जोश के साथ,
सुबह का बेसब्री से इंतजार होता था,
हर सुबह का अपना एक पैग़ाम होता था।
अब वो नही साथ तो,
सोचका दायरा बदल गया।
वही आसमां, उन्हीं सितारों की जमघट,
बस देखने का नजरिया बदल गया।
वो बंदिशों का दौर था,
या ये बंदिशों का दौर है,
अपना तो बस एक ही वसूल है,
अश्क़ आंखों मे ठहर जाय तो पानी,

उनकी यादों मे छलक जाय तो कोहिनूर है।
जानता हूँ इस शाम की कोई सुबह नही,
फिर से संभलने की कोई वजह नही,
आखिरकार वो भी एक शाम थी,
और ये भी एक शाम है।

42. "ये यादें जाने कहाँ ले जाएगी"

ये यादें जाने कहाँ ले जाएगी,
अट्टहास करती है अक्शर,
एकांतवास का आभास देकर,

चल पड़ता हूँ जब कभी,
यादें रोक देती हैं क्यूँ वहीं,
ऋतुओं का श्रृंगार बनकर।

बैराग्य भाव मे कुंठित मन ,
कर्म मार्ग मे बन पूर्णविराम,
बैचारिक अवमूल्यन करता है,
मन मस्तिष्क का द्वंद युद्ध,
बनकर कुरुक्षेत्र का मल युद्ध ,
नित् नव सीमांकन करता है।

कैद होता चला गया हूँ,
कुछ सुनहरी यादों के दायरे मे,
शायद वक़्त से रिश्ता तोड़ आया हूँ,
कौन सी मंज़िल, कहाँ जाना है,
निःसंदेह ये सोच भी है लावारिस,
जवानी की गलियों मे छोड़ आया हूँ।

43. "वो रात"

काली घनी रात, घोर सन्नाटा,
सुनसान राहों से गुजर रहा था।
तमतमाती निशा मे निःशब्द हो,
ब्यथित मन रुदन कर रहा था।
किन्तु-परंतु की गहरी आंधी मे,
आशाओं के दीप बुझने लगा था।
टूटे-बिखरे सपनों का अट्टहास,
अंतःकरण मे भी चुभने लगा था।

कंकरीला पथ और कंटक की चुभन,
जुगनू की ज्योति ही एक सहारा थी।
गुजर रही थी जिन्दगी कुछ इस तरह,

बिखरा था, ख़्वाहिशें भी बेसहारा थी।
बेहद हैरान, परेशान, घने अंधेरों मे,
खोजता था तेरे कदमो के निशान।
बुझा कर अंगारों की लौ पसीने से,
वक़्त से लड़ता रहा, थी ये पहचान।

भ्रमित, निशा मे है पूरा यौवन गुजरा,
अब भोर हुई भी तो प्रौढ़ावस्था मे।
मत जाना फिर तुम अब दूर कभी,
पहुँच गया हूँ अब क्षीण अवस्था मे।
ये रात एक उपज थी, तेरे जुदाई की,
तुम बिन जीवन नीरस, असाध्य प्रिये।
मेरे दिल की धड़कने ये बता रही थी,
सिर्फ जीना ही तो है, नही साध्य प्रिये।

44. "मै हूँ चकोर"

मै हूँ चकोर, तूँ है चाँद प्रिये,
तुम बिन जीवन असाध्य प्रिये।
छोड़ रश्म रिवाजो की गाथा,
कर प्रेमानुभूति का श्रृंगार प्रिये।
है प्रीत कमल से हिय को सजाया,
नयन नीर से तन मन को नहलाया,
निष्काम प्रेम को कर स्वीकार प्रिये,
कर प्रेमानुभूति का श्रृंगार प्रिये।

लहू के कण कण की है एक अभिलाषा,
सिंचित हो मन मे निश्चल प्रेम की भाषा,

अब तो करो अभिसार प्रिये,
कर प्रेमानुभूति का श्रृंगार प्रिये।
हृदय पटल पर है बस एक नाम लिखा,
हर खुशियों को ऐ मीत तेरे नाम लिखा,
तुझ बिन जीवन है अंधकार प्रिये,
कर प्रेमानुभूति का श्रृंगार प्रिये।

45. "कल जब तुमको देखा"

कल देखा तुमको जब तस्वीरों मे,
नूरानी चेहरे पर नूर वही,
नयनो की नगरी मे कोहिनूर वही,
सोहरत की आभा अब खिलती है,
खुशियों की रौनक अब दिखती है,
पर उलझ गयी हो शायद,

किन्तु-परंतु की जंजीरो में,
कल देखा तुमको जब तस्वीरों मे।

❧❧❧

प्रतिभा की तुम प्रतिमा हो,
ऋतुओ का श्रृंगार हो तुम,
सौंदर्य छिपाकर आँचल में,
शालिनता की पहिचान हो तुम,
संतोष किरण अब दिखती है,
उपलब्धि के उपवन में,
कल देखा तुमको जब तस्वीरों मे।

❧❧❧

मै तो बीते कल की काली छाया हूँ,
आज मेरा कोई वजूद नही,
तुम तो अविरत सरिता हो,
रुकना कोई पर्याय नही,
तुम यूँ ही चलती जाना जीवन पथ पर,
उन्मुक्त पवन बन अवकाशो मे,
कल तुमको देखा जब तस्वीरों मे।

❧❧❧

46. "देख तुझे सिर झुक जाता है"

असह्य वेदना, असह्य पीड़ा,

लेकर अपने आँचल मे,

कभी हँसती, कभी मुस्कराती,

निःस्वार्थ समर्पण परमार्थ पथ पर,

देख तुझे सिर झुक जाता है।

असीम मन की गहराई मे,

प्रीत कमल खिल जाता है।

अपनी खुशियों को आँशु से धोकर,
अपनो के सपने अपनी आंखों में लेकर,
लज्जा के गहनों से सुसज्जित,
संस्कारो की पाठशाला है तूँ,
मर्म तेरा है किसने जाना,
देख तुझे सिर झुक जाता है।
असीम मन की गहराई मे,
प्रीत कमल खिल जाता है।

❧❧❧

शक्ति श्रोत, ज्ञान ज्योति,
ममता से मन ओतप्रोत,
सर्व हिताय की अभिलाषा लेकर,
आदर्शों के पद चिन्हों पर,
कर्मवाद की ऐ अडिग स्तम्भ,
देख तुझे सिर झुक जाता है।
असीम मन की गहराई मे,
प्रीत कमल खिल जाता है।

❧❧❧

लिंग भेद के अंगारो मे जलकर,
उजियारा दी है मन के अधियाँरो को,
कभी शीत कहर, कभी तिव्र तपन,
फिर भी पूरी की कर्तव्य वंदन को,
अडिग, अचल हो लक्ष्य को साध लिया,
देख तुझे सिर झुक जाता है।

असीम मन की गहराई मे,
प्रीत कमल खिल जाता है।

नैतिक पद चिन्हों पर चलकर,
मानवता को है सवाँर दिया,
हर संबंधों को है कड़ियों मे जोड़ा,
सर्ववाद को है संवाद दिया,
सहज सरल तुम दैविक आभा,
देख तुझे सिर झुक जाता है।
असीम मन की गहराई मे,
प्रीत कमल खिल जाता है।

दो दो घर की लक्ष्मी तुम,
परिपूर्णता दी है घरवालों को,
जीवन पथ को गौरव पथ मान,
स्थापत्य दिया है हर कर्मा को,
प्रतिभा की ऐ प्रतिमा,
देख तुझे सिर झुक जाता है।
असीम मन की गहराई मे,
प्रीत कमल खिल जाता है।

47. "तेरी आँखे"

हिरणी सी है ये आंखे तेरी,
पंखुड़ियों सी जब खुलती है,
चंचल आंखों की गहराई मे,
नीलाम्बर मे हलचल उठती है।
तुम्हारी आंखों के संजीदे सपने,
मैने मेरी आँखों मे भी तो देखा है,
वक़्त के नजाकत को समझना,
मैंनेतेरी निगाहों से ही तो सीखा है।

धरती से अम्बर तक,
मादकता छा जाती है।
जैसे कच्चे घड़े की मीठी खुशबू,

यौवन को जागृत करती है।
मै भी अक्षर खो जाता हूँ,
सागर सी गहरी इन आँखों मे,
बँध कर रह जाता हूँ मै,
ऐ प्रियतम तेरी परछाँई में।

48. "मेरा गुलाब"

वो एक महकता गुलाब,

जो कभी कुम्हलाता नही,

अदम्य खड़ा है लाख काँटो के बीच,

पंखुड़ियों को कभी झुकाता नही।

वर्षों से खिला है मेरे मन आँगन मे,

मेरा गुलाब कभी शीश झुकाता नही।

बिखेर मन मोहक, मादक, महक,

मुझमे जीवन संचार करता है,

मेरा गुलाब प्रतीक है मेरी आस्था का,

आध्यात्म को अभिलक्षित करता है।

यही गुलाब ही तो मेरा अभिमान है,
मेरी हर राह को अभिमंत्रित करता है।

❧ ❧ ❧

49. "मै कौन हूँ"

अतीत के आईने से एक कशिश,
आज भी जेहन में चुभती है,
अंतर्मन की तृष्ण वेदना,
पाँवों में बेड़ियाँ पिरोती है।
डगमगाता किन्तु मुस्कराता,
अक्षर यूँ ही निकल पड़ता हूँ,
एक सवाल खुद से पूँछता हुआ,
मै कौन हूँ, मै कौन हूँ ?

खामोश, जज़्बातो के सैलाब मे,

खो गया हूँ किसी अनजान पथ पर,
खोजता हूँ, उनके कदमो के निशाँ
विरक्त, नीरस, ग्लानि पथ पर।
मेरी अस्तिमा मुझसे सवाल करती है,
नित पल टकोर करती है,
मैं कौन हूँ ? मैं कौन हूँ?

50. "कहाँ हो तुम?"

ऐ प्रियतम, कहाँ हो तुम ?
भौतिक जगत के प्रांगण मे
किस भूखंड के आंचल मे,
मन, मस्तिष्क या रक्त कण मे,
ऐ प्रियतम, कहाँ हो तुम ?

अदृश्य किन्तु अदम्य
सतत स्फुरित आवेगों मे,
किन्तु परंतु के संवादों मे,

ढलती उम्र के उन्मादों मे,
ये प्रियतम, कहाँ हो तुम?

❧ ❧ ❧

हर दर पर दी दस्तक,
गलियों मे गलियारो मे,
चौखट-चौखट मिन्नत माँगी,
मंदिर, मस्जिद, गुरुद्वारों मे,
ऐ प्रियतम, कहाँ हो तुम?

❧ ❧ ❧

51. "तुम हो तो"

ये कुमुद कपोलिनी, लावण्य लता,
तेरे घुंघराले केशों से बरषे सुंदरता,
यौवन की तुम हो ज्वलंत तस्वीर,
अंग-अंग मे है चंदन सी शीतलता।
चालो मे तेरी वो मद वाली मस्ती है,

हरी भरी हो जाती हैं सुखी गलियाँ,
कर्ण पटल पर महफ़िल सजती है,
जब झन-झन करती है पैजनियाँ।

रिमझिम रिमझिम जब नैना बरषे,
पत्थर भी भावविभोर हो जाते हैं,
तुम मन- मोहिनी, तुम राग- रागिनी,
सानिध्य के पल स्वर्णिम हो जाते हैं।
मृग सा चंचल नयन, संगमरमर सी काया,
पंखुड़ियों सी पलको पर शर्म की छाया,
तुम हो तो जीवन मधुमय सा लगता है,
है तुम विन सब कुछ निर्थक माया।

52. "बेखुदी"

बेखुदी का नशा था मैने किया,
दिल से सफर जब मैने किया,
कुछ यादों के झरोखों से,
कुछ मिलन की चाह में,
कुछ संशय के आसमान से,

बस यूँ आँशु निकल पड़े थे,
वक़्त का ठहर जाना,
ज़ुबान पर खामोशी,
मिलन की राह पर,
बस यूँ ही चल पड़े थे।

उम्मीद का पलड़ा भारी था,
किंतु संशय का उल्कापात जारी था,
बेसब्री के आलम मे,
साँसे भी रुक रही थी,
प्रियतम से मिलने की चाह मे,
खुद से रूबरू हो रही थी,
कुछ अनकहे सवाल थे,
कुछ तन्हाइयों मे छिपे जबाब थे,
एक एक पल पैगाम दे रहा था,
यौवन की वापसी का आगाज दे रहा था।

खविहिशों का सैलाब,
आहिस्ता -आहिस्ता उमड़ रहा था,
संशय का बादल,
समय के साथ सिमट रहा था,
मुलाकात की घड़ी सामने खड़ी थी,
पर पावों मे बेड़ियाँ अभी भी पड़ी थी।

फिर गुलाबी सी ठंड मे,
आया वो गुलाब से चेहरा,
सितारे भी जमीं पर थे,
देखने मेरे दिलदार का चेहरा,
वो बला की सुंदरी सामने खड़ी थी,
वर्षों बाद फिर आयी वो घड़ी थी,
कभी भावनाओं के सागर मे,
कभी मर्यादा के चादर मे,
गुजरे कल से पर्दा हटाता रहा,
एक एक लम्हा सजाता रहा।

वक़्त के परिंदे ने फिर से पंख मारा,
जुदाई के रस्मों को फिर से स्वीकारा,
प्रकृति भी परेशान थी,
विधि के लेख से हैरान थी,
बस वापस आना था,
कुछ नयी यादों को समेट कर,
कुछ नए अरमानों के साथ,
किस्मत की एक नई लकीर खिंचकर।

53. "दिल के आईने मे"

एक सोच, एक उम्मीद,
एक लहर दौड़ उठती है,
जब भी तुम्हे देखता हूँ,
दिल के आईने मे।

एक खूबसूरत, खुशमिजाज,
चेहरे की तबस्सुम,
कुछ कहने लगती है,
जब भी तुम्हे परखता हूँ,

दिल के आईने मे।
तुम यहीं हो यहीं कहीं,
ये दिल भी जानता है,
दिमाग भी मानता है,
फिर भी जाने क्यूँ ये नजरे खोजती हैं,
दूर कहीं ख्वाबों के अम्बर मे,
जिसे मैं हर रोज देखता हूँ,
दिल के आईने मे।

❧❧❧

नही कोई डर है मुझे,
कायनात के वसूलों से,
आवाम के वजीरों से,
डर लगता है मुझे,
तुम्हारी शख्शियत, तुम्हारी बेरुखी से,
अपनी ही निगाह से गिर गया अगर,
नही ढूंढ पाऊंगा खुद को,
दिल के आईने मे।

❧❧❧

मेरे ख़्यालात, मेरी बंदगी,
नही कोई परिसीमा इसकी,
एक उलझन है तैरना नही आता,
अभिव्यक्ति के समुंदर मे,
खोजता हुआ,
कुछ अनकहे सवालो का जबाब,
खड़ा रह जाता हूँ,

परखता हुआ मिजाज,
दिल के आईने मे।

❧❧❧

अक्षर उठते है,
मेरी नियत पर सवाल,
निःसंदेह.....
खामियाँ होंगी मेरी इबादत मे,
दिल को मंदिर बनाने के बाद भी,
शायद न्यूनता होगी,
मेरी व्यवहारिकता मे,
मेरी वचनबद्धता मे,
देख सकूँ अपनी छवि तुम्हारी आँखों मे,
तुम्हे हर रोज बुलाता हूँ,
दिल के आईने मे।

❧❧❧

54. "मेरी कविता हो तुम"

मेरी कविताओं मे गर्भित सारांश हो तुम,
मेरी वाणी मे शब्दो का शब्दार्थ हो तुम।
तुम्हे याद करके लब्जो का सृजन होता है,
मेरे आलिंद की आबरू, आनंद हो तुम।

घुल गयी हो तुम मेरे लहू के कण -कण में ऐसे,
तुम्ही से सुबह की आभा, तुम्ही से शाम होती है।
थक कर आता हूँ जब कभी मुश्किल हालात से,

तुम्हारी सौगात ही सावन की बरसात होती है।

❀❀❀❀

मै तो वाशिंदा हूँ तुम्हारी परछाइयों के दायरे मे,
मेरी हर गतिविधियों का संजीदा गवाह हो तुम।
मेरी सरजमीं पर भी खिलते है यूँ ही गुल बहुत,
चुभ न जाये कहीं काँटा कोई, पहरेदार हो तुम।

❀❀❀❀

तुम हो जीवन की आकांक्षा, मैत्री भाव भी तुम हो,
तुम ही जीवन हो, जीवन का अभिप्राय भी तुम हो।
मेरी सोच, मेरे रूतबे पर उठती हैं उँगलियाँ बहुत,
मै जैसा भी हूँ, हे राग रागिनी, मेरी पहचान तुम हो।

❀❀❀❀

तुम प्रणय गीत, तुम बिरह गीत,
राग रागिनी, तुम नित पल संजोगिनी,
गुलज़ार भी तुम हो, गुलफाम भी तुम हो।
मेरे हिय की बगिया मे बहार भी तुम हो,
तुम हो मर्यादा, जीने का अभिप्राय भी तुम हो।

55. "कॉलेज के दिन"

कॉलेज के दिन,
थोड़ी शरारत,
थोड़ी शराफत,
थोड़ा गुरुर,
थोड़ा सुरूर,
कुछ ऐसे ही थे,
युवानी के दिन,
कॉलेज के दिन।

बात बात मे चीखना,
पल भर मे रूठना,
हँसना, हँसाना,
रात भर जागना
सुबह सो जाना,
कुछ ऐसे ही थे,
जोशीले दिन,
कॉलेज के दिन।

तितलियाँ परेशान थी,
उड़ान के लिए तैयार थी,
मेरी चाहत कोई और थी,
और वो मासूम नामी चोर थी,
चुराया था दिल हर युवान का,
मै भी एक था उसी रुझान का,
ली थी कसमें उसे अपना बनाऊंगा,
उसी के दिल मे आशियाँ सजाऊंगा।
उसकी जिद जोरदार थी,
गलतफहमी की दीवार थी,
काले चोर को अपनाऊँगी,
पर तेरे संग नही आऊँगी,
कुछ ऐसे ही थे,
चाहत के दिन,
कालेज के दिन।

हर गली मे एक रहनुमा था,
दुश्मनो का भी अपना जहाँ था।
मै भी एक शेर था,
शेरो मे दिलेर था,
वो खुशनुमाँ गुलज़ार थी
मै भी सूबे का सूबेदार था,
वो अनजान थी मेरे रूतवे से,
मै अनजान था उसकी ख्वविशो से,
सिलशिला ए नोकझोंक चलता रहा,
वो मुस्कराती रही, मै चेहरा पढ़ता रहा,
कुछ ऐसे ही थे,
दिल्लगी के दिन,
वो कॉलेज के दिन।

❧❧❧

तफरी मे दिन का बीत जाना,
किताबे देख बुखार का आना,
अजीबो गरीब हालात से गुजरते थे,
परंतु ख्वविशो के चादर रोज बुनते थे,
ऊँची - ऊँची हसरतें,
और उलझनों का पुलिंदा,
कहीं तारीफों का सैलाब,
कहीं होती नियमित निंदा,
फिर भी खुश था,
क्योकि सामने लक्ष्य था,
कुछ ऐसे ही थे,
रवानी के दिन,

कॉलेज के दिन।

आज जोश नही,
जीने का तजुर्बा है,
थोड़ा सुकून है,
पर वो गुजरा लम्हा नही,
कल की कीमत पर "आज" मिला है,
आज "सोच" है,
सोचने के लिए लम्हा नही,
यूँ ही गुजर रही है जिंदगी,
वक़्त है, वक़्त का पुलिंदा नही,
ये दिन कुछ और हैं,
वो दिन कुछ और थे,
ये बंदिशों का दौर है,
वो परिंदों का दौर था,
कुछ ऐसे ही थे,
मेरे जज्बाती दिन,
कॉलेज के दिन।

56. "कहाँ हैं वो नजरे"

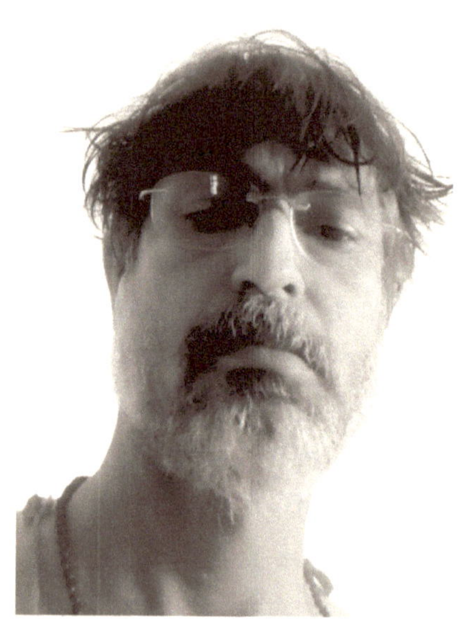

कहाँ हैं वो नजरे...
जो सिर्फ तुम्हे खोजती थी,
वो रुतबा, वो अफ़साने....
जो रोज सजते सवरते थे,
वो चांदनी रात, वो फ़िज़ाये...
जो रोज शगूफा बनाती थी,
वो ठंडी हवा का झोंका...

जब जुल्फे तेरी लहराती थी।

❧ ❧ ❧

कहाँ है वो ख्वाब...
जो खुली पलको पर सजता था,
वो एहसास, वो साया....
जो कभी दिल मे बसता था
वो लगाव, वो समर्पण...
जो अंधेरों मे भी राह दिखाते थे,
कहाँ है वो जज़्बा..
जब तजुर्बों से लड़ जाते थे।

❧ ❧ ❧

ये विरान बागवां बयां कर रहा है,
जिंदगी अब तिनको सी बिखर गयी है,
गुरुर था जिस मखमली सोच पर,
आज वो भी जमींदोज हो गयी है।
सायद अब मै "मै" नही,
निरस जीवन मे कोई लय नही,
यूँ तो हर रोज लिखता हूँ,
एक नज्म अपनी बदहाली पर,
पर सच तो ये भी है कि,
अब मुझे आबाद होना भी नही।

❧ ❧ ❧

57. "जब हम मिले"

एक लम्हे बाद जब हम मिले,
हमने कुछ भी कहा नही,
हमने कुछ भी सुना नही,
झनझन स्वर मे,
गंगा की अविरत धारा,
कलरव करते पक्षी,
हुयी जागृत अंतर्धारा,
वो भी खामोश थी,
मै भी खामोश था,
एक लम्हे बाद जब हम मिले।

❧❦❧

प्रीत के आगोश मे,
वो भी सराबोर थी,
मै भी तो मदहोश था,
बहुत हो चुकी थी बातें,
अब कुछ कहना नही था,
हो चुका था दो दिलो का संगम,
अब कुछ सुनना नही था,
एक लम्हे बाद जब हम मिले।

❧❦❧

केशुओं के घने बादल मे,
एक आफ़ताब सा चेहरा,
ओढ़कर शर्म की चादर,
छिपाता संवेदनाओं का गजरा,
नयनो से छलकते प्रेम के मोती,
अधरों पर थे इतराने लगे,
साँसों की मीठी ख़ुशबू मे,
प्रणय सूत्र मे थे बंधने लगे,
एक लम्हे बाद जब हम मिले।

❧❦❧

अभिलाषाओं की सरिता
बहने लगी,
बेवशी की दीवाल
ढलने लगी,

वो गुलाब की कली
पंखुड़ियाँ सीमेटने लगी,
मै मदमस्त मकरंद,
मेरी आस बढ़ने लगी।
वक़्त थम सा गया था,
प्रेम पराकाष्ठा छूने लगा था,
एक लम्हे बाद जब हम मिले।

आज भी खोजता हूँ,
उसी सुकून भरे लम्हे को,
प्रियतम का साथ,
प्रियतम के जज्बे को,
जिंदगी यहीं रुक सी गयी है,
बीते लम्हो मे सिमट सी गयी है।
बस अब कुछ स्वर्णिम यादें है,
पुर्नमिलन पर होनी बातें हैं,
फिर मन गा रहा एक नया गीत होगा,
एक लम्हे बाद जब हम मिले।

58. "यादें"

सर्द पवन के तीखे झोंको मे जब,
अविरत यादों की लहरें उठती है,
वो मधुर मिलन की मधुर स्मृति,
जेहन मे सुमधुर कलरव करती है।
आँखों की निश्छल जल धारा,
एकांकी जीवनमे जब बहती है,
धूल जाते है मन के बिकार सभी,
स्वालंबन की आभा उठती है।

सर्द पवन के तीखे झोंको मे जब,

तेरे आँचल सी खुशबू उठती है,
रोम-रोम रोमांचित हो जाता है,
समर्पण की पराकाष्ठा दिखती है।
नयन पटल पर तुम छा जाती हो,
धड़कन मे भी कौतूहल दिखती है,
सहज स्वभाव और कुंदन सी काया,
देवांगिनी तुम स्वप्न सुंदरी लगती हो।

सर्द पवन के तीखे झोंको मे जब,
केशों के बिरले बादल लहराते है,
देख घटा मन मयूर हो आवेशित,
मर्म हृदय के बाहर आ जाते है।
मै तो हूँ जीर्ण अवस्था का आलिंद,
तुम मे कलियों सी कशिश दिखती है,
मै ने तो जी ली जिंदगी दो पल मे ही,
जीवन की परिभाषा अब दिखती है।

59. "नासमझी के दिन"

उम्र भी अधूरी थी, ख्वाव भी अधूरे थे,

नासमझी के दिन थे, पर संकल्प पूरे थे,

मशगूल था अधूरे ख्वाब को सजाने में,

जवां थे जज़्बात पर अंदाज अधूरे थे।

कुछ तो अनजान थी वो मेरे जज़्बातों से,

कुछ भ्रमित थी वो आधी अधूरी बातों से,

दो दिलो के बीच भी तो दो बेरंग हूर थी,

जाने क्यूँ वो खेलती रही मेरे जज़्बातों से।
वो रातें भी अधूरी थी, वो दिन भी अधूरा था,
वो तो थी नज़रों मे ही पर दीदार अधूरा था,
जिस पर ऐतबार किया खुद से कहीं ज्यादा,
उनकी नजरों मे शायद मेरा प्यार अधूरा था।

कब तक लड़ता मै अपनो की नफरत से,
उनके झूठे वादे, झूठी कसमे, झूठी रश्मो से,
किसी ने तौला मुझको शोहरत और दौलत की तराजू मे।
शिरकत भी करना था तो वक़्त के सीने पर,
पत्थर लेकर बैठा था मै अपने ही सीने पर,
वक़्त की तरकश मे मेरे लिए सौगात अधूरे थे।

60. "तन्हाई"

फिर वही चाँद, वही चाँदनी,
वही मंद पावन का झोंका,
बस वो नही, उसकी यादें है,

रुसवाई है, तन्हाई है,
ऐ चाँद, तूँ गवाह है,
उन हसीं लम्हो का,
गुजारी थी जो हमने,
तेरी रूमानी छाया मे,
तूँगवाह है उन कसमे वादो का,
जो ली थी हमने कभी तेरे अंजुमन मे,
चल उठ, मेरा एक काम कर दे,
नब्ज चाह की फिर से आबाद कर दे।

❧ ❧ ❧

मै जनता हूँ, तुझमे ये तकल्लुफ़ नही,
तूँ भी खुदगर्ज है, रहमान तो नही,
तूँ जलता है मेरे यार की नजाकत से,
तु भी तो किसी का यार है तन्हा तो नही,
अगर है शर्मो हया कहीं तेरे दामन मे,
जा उसे एक छोटा सा पैगाम तो दे दे,
सफर है मुश्किल, नामुमकिन तो नही,
होगा मिलन, मिलन का एहसास तो दे दे।

❧ ❧ ❧

ऐ तारे, तूँ भी वाक़िफ़ है हमारे अफ़साने से,
जा उसके आँचल मेसितारों की सौगात दे दे,
बढ़ाया है बहुत तुमने चाँद की खूबसूरती,
एक बार मेरे चाँद का भी तो साथ दे दे,
ऐ शीतल मंद पवन, तूँ निष्पक्ष निष्काम,
बस मेरी एक आरजू तूँ कबूल कर ले,

जल रही होगी वो भी बिरह अग्नि मे,
बन आवरण मुझसा कोई आकार ले ले,
वक्त आने पर दिखाऊँगा अपना दमखम,
तब तक मेरे यार तूँ ही कुछ ख़याल ले ले।

अक्सर,
अधूरे पन की अधूरी दास्ताँ,
अधूरे सपनों का अधूरा गुलिस्तां,
बहुत दुखद होता है।
कभी साहस कभी दुस्साहस,
ज़मीं से दूर,
स्थायित्व को खोजता है।
अधूरी शिक्षा, अधूरा ज्ञान,
सच की अधूरी पहचान,
कर्म बोध प्रति प्रतिरोधक है।

छोटे कामों मे रुझान नही,
बड़े काम का कौशल्य नही,
प्रतिद्वंदिता काँटो सी चुभती है,
आलाप बिलाप बन जाता है।
खो जाते है दूर कही,
निराशाओं के बादल मे,
उठ खड़े हुए जहां कही,
भार वहीं हो जाता है।

❧❧❧

अक्सर,
अधूरे ज्ञान और जिद से,
जड़ता का जन्म होता है,
मै सच हूँ, मेरी सोच सही है,
बाकी सब फरेब ही दिखता है।
सीख नही लेता वो कभी किसी से,
भद्र समाज मे,
अभद्र छवि बन जाता है।

❧❧❧

अक्सर,
अधूरी आय,
कौतूहल पैदा करती है।
उठ जाते हैं पांव जमीं से
दिखावे मे लोलुपता बढ़ती है,
झुक जाता है आधार "उधार" मे,
कर्ज मेंदौड़ा दौड़ी होती है।

अक्सर,
अधूरी उम्र के जोश मे,
बेवजह उफान आता जाता है,
थाह नही मिलता अपने बल का,
तूफानों से यूँ ही टकराता है,
अंजाम की उसको परवाह नही,
ठोकर भी दर पर ही खाता है।
अधूरापन कोई अभिशाप नही,
पर इस प्रकोप से बचना होगा,
किसी आदर्श के पद चिन्हों पर चलकर,
यथार्थ मे जीना होगा।

62. "यह कैसा जीवन"

यह कैसा जीवन?
पथरीला पथ,
कंटक की चुभन,
सूखे जंगल सा बिखरा मन,
तीव्र तपन है,
मेरा तन ही वसन है,
यह कैसा जीवन?
यह कैसा जीवन?

अम्बर से कुछ कहती साँसे मेरी,
भुपट पर कुछ लिखती है।
आँखो के आँशू हिम बन,
आँखो मे ही जमती है।
यही पर रुकती है धड़कन,
यह कैसा जीवन?
यह कैसा जीवन?

है आँशुओ का कोई मोल नही,
चाहत है उलझी सितारों मे।
मन- मस्तिष्क मे है द्वंद युद्ध,
बिकते है रिश्ते गलियारों मे।
आँखो से टूटे आँशू का बंधन,
यह कैसा जीवन?
यह कैसा जीवन?

कर्मठता की विकृत नगरी मे,
प्रतिद्वंदिता पास खड़ी है।
धर्मांधता की भट्टी मे,
मानवता की लाश पड़ी है।
गुलशन जैसा इतिहास हमारा,
बिखरी कलियो सा आँगन।
यह कैसा जीवन?

यह कैसा जीवन?

युध्ध कहीं अन्यत्र नही,
खुद से खुद को लड़ना होगा।
होंगे सुगम पथ तभी,
दीन सहाय, सेतु बंध बनना होगा।
पल भर की रौनक है,
पल भर का है जीवन।
यह कैसा जीवन?
यह कैसा जीवन?

63. "मिलन"

मधुर मिलन की वो मधुर बेला,
प्रणय प्रसंग, अरमानों का मेला,
स्पर्श हुआ जब, तन मन भीगा,
झूम उठा मन मयूर अलबेला।

तट से टकराती गंगा की लहरें,
आधार बंध को थी छूने लगी,
सांसों की गर्मी ने दिया प्रवेग,
कंचन सी काया सिहरने लगी।

लावण्य लता जब तुम सिमटी,
हे सौम्य सरल, हे पावन बनिता,
प्रेमांकुर मे नूतन पल्लव निकले,
हुयी जागृति अभिलाषाओं की सरिता।

कमल नयन की जब पंखुड़ियाँ सिमटी,
छलक पड़ी अधरों से मोहक मधुशाला,
जब चपल चंचला बन प्रियतम तुम दौड़ी ,
बहकी साँसों ने प्रणय गीत लिख डाला।

64. "मधुर मिलन"

मधुर मिलन की थी वो मधुर बेला,
मन के आँगन मे अरमानो का मेला,
टूट गया था जब आँखों का संयम,
तन मन झूम उठा था बन अलबेला।

❧ ❧ ❧

चंद मंद पवन के चंचल झोंके,
जब भी तेरा आँचल छू जाते थे,
एक मलय सी खुशबू उठती थी,
स्वेतांगों पर केश तेरे लहराते थे।

❧ ❧ ❧

रिमझिम -रिमझिम प्रीत की बूंदे,
आती थी जब नयनों के गलियारे से,
सावन सी सुहानी रुत आ जाती थी,
हम भी हो जाते थे थोड़े मतवाले से।

❧ ❧ ❧

जब यौवन की कलियां खिलती थी,
अधरों पर प्रणय गीत छा जाते थे,
चाँद भी छिप जाता था बदल में कहीं,
सितारों के दिन यूँ ही ढल जाते थे।

❧ ❧ ❧

वो चारु लता सी लचकती बाहें तेरी,
लिपटती थी, हार गले का बनती थी,

दिलो का मिलना, ख्यालों का संगम,
प्रेमांगन मे खुशियां बेशुमार होती थी।

अब तो सावन मे भी पतझड़ दिखता है,
चाहत का मुकाम खंडहर सा दिखता है,
जाने किस मोड़ पर खड़ी है ये जिंदगी,
हर कदम अश्क़ों का सैलाब मिलता है।

65. "हँसते-हँसते रो पड़ता हूँ"

मधुर मिलन की मधुर यादें,
जब रातों मे ,
गुदगुदी करती हैं,
हँसता हूँ,
हँसते-हँसते रो पड़ता हूँ,

टूट जाता है सब्र का बाँध,
टकरा जाता हूँ,
वक़्त की पाबन्दियों से,
हौले हौले बिखर पड़ता हूँ।

❦❦❦

मधुर मिलन की मधुर यादें,
जब जोश भरती हैं,
हौसलों के उड़ान मे।
पार करके उम्र का दहलीज,
निकल पड़ता हूँ,
भविष्य के गलियारों मे,
पर जीवन का सूनापन,
खींच लाता है,
वर्तमान के अंधियारों मे।

❦❦❦

मधुर मिलन की मधुर यादें,
जब जीवन को परिभाषित करती है,
दिखता है पूरा जीवन,
उन गुजरे लम्हों मे,
फिर क्या है शेष बचा,
वक़्त का कांटा चुभता है,
शायद जीवन का है अवशेष बचा।

❦❦❦

मधुर मिलन की मधुर यादें,

जब जेहन मे हलचल करती हैं,
बेलगाम हो जाती हैं सांसे,
पुनर्मिलन की अभिलाषा मे,
पर किंतु-परंतु का झोंका,
रोक देता है बैचारिक कदम,
फिर वही तन्हाई,
वही मायूसी का आलम,
खो जाता हूँ निर्जन आगोश मे।

मधुर मिलन की मधुर यादें,
जब जीवन मधुमय करने आती हैं,
छलक उठता है दुर्भाग्य कलश,
खुशियों के पथ पर,
फिर वही रेगिस्तान सी जिंदगी,
भटक जाता हूँ,
मृगमरीचिका का शिकार होकर,
जीवन पथ पर,
जीवन पथ पर।

66. "प्रेम"

प्रेम, एक अनुभूति, एक अंतर्धारा,
त्याग, समर्पण की अविरत धारा।
एक मार्ग, स्वार्थ से परमार्थ तक,

हरण करे सब मन का अंधियारा।

जहाँ प्रतिद्वंदिता का कोई भाव नही,
"मै" मे वर्ण अर्थ का प्रतिभाव नही,
ये तो अंतर्मन की वो पावन गंगा है,
इसमे प्रभुत्व का है कोई स्थान नही।

67. "यहीं हो यहीं"

कल तक महज एक एहसास था,
तुम यहीं हो, यहीं कहीं,
दिल मे, दिमाग मे,
सांसों मे रक्त के संचार मे,
बनकर ढाल खड़ी हो,
अदृश्य यहीं कहीं।

❧❧❧

आज साक्षात्कार हुआ,
ग्लानी के द्वंद का संहार हुआ।
पड़ी रोशनी जब हिय में,
नूतन पल्लव से श्रृंगार हुआ।
कुछ रश्में थी, कुछ कसमें थी,
कुछ मर्यादा की अपनी सीमा थी,
कुछ भावों को शब्द मिले,
कुछ आँशु बनकर बह निकले,
नयनों से नयनों ने कुछ बातें की,
स्वप्निल आभा का प्रादुर्भाव हुआ।

❧❧❧

जन्म जन्मांतर के हम हैं साथी,
मन ही मन सुत्रोच्चार हुआ।
हुआ मिलन जब दो हँसो का,
बिरह बेदना गायब हो गयी,
बिखरे मोती को एक सूत्र गिला,
सपनों को राहैं मिल गयी।
पवित्र मिलन का जब शंखनाद हुआ,
नीलाम्बर में ऊष्मा का संचार हुआ।
नई उमंगों ने जब अट्टहास किया,
कुछ सीमाओं को पार किया,
मिला वेग स्थिर अभिलाषा को,
काया का जीर्णोद्धार हुआ।

❧❧❧

यौवन के दिन छा गए पलको पर,
जीवन का जीवन से वार्तालाप हुआ।
अंतर्मन से एक आवाज आयी,
तुम सदैव मेरे साथ होती हो;
यहीं कहीं,
एक अदृश्य छाया बनकर,
मेरे आसपास, मेरे जेहन मे।

68. "तुम"

दिव्य ज्योति है मुखगंडल पर,
आंखों मे धधकती ज्वाला है,
हे सखे तुम्हारे करमांगन मे,
दुखियारों को मिलती छाया है।

प्रतिभा की तुम प्रतिमा हो,
साहस का भंडार हो तुम,
अपने पथ पर चलती जाओ,

पथ प्रदर्शक सहाय हो तुम।

बैचारिकता के इस महायुध्द मे,
हर अभिगम पर एक संदेश हो तुम,
तुम हो तो ये जीवन, जीवन है,
सार्थकता की पहिचान हो तुम।

साधुवाद की तुम उज्वल आभा,
मन आलिंद की पावन गीता हो,
अहो भाग्य सानिध्य मिला जो हमको,
तुम ज्ञान की शाश्वत सरिता हो।

परिवर्तन की तुम हो प्रणेता,
ऋतुओं का शुभ श्रृंगार हो तुम,
तुममे ही है देखा ब्रह्मांड बोध,
इस साधक की पहिचान हो तुम।

69. "उलझन"

ये यादें जाने कहाँ ले जाएगी,
अट्टहास करती है अक्शर,
एकांतवास का आभास देकर।
चल पड़ता हूँ जब कभी,
यादें रोक देती हैं क्यूँ वहीं,

ऋतुओं का श्रृंगार बनकर।

बैराग्य भाव मे कुंठित मन ,
कर्म मार्ग मे बन पूर्णविराम,
बैचारिक अवमूल्यन करता है।
मन मस्तिष्क का द्वंद युद्ध,
बनकुरुक्षेत्र का मल युद्ध ,
नित् नव सीमांकन करता है।

कैद होता चला गया हूँ,
कुछ सुनहरी यादों के दायरे मे,
शायद वक़्त से रिश्ता तोड़ आया हूँ।
कौन सी मंज़िल, कहाँ जाना है,
निःसंदेह इस सोच को कर लावारिस,
जवानी की गलियों मे छोड़ आया हूँ।

70. "तूने जीना सीखा दिया"

था कशमकश मे,
खुद के तजुर्बों को लेकर,
थक चुका था मै,
खुद की परिछाई से लड़ते लड़ते।
तूने हालात से लड़ना सीखा दिया,

यार तूने तो जीना सीखा दिया।

❧❧❧

खोजता रहा मै,
खुद मे ही खामियाँ,
हालात के हथौड़ों को परखा ही नही।
तूने खुद को समझना सीखा दिया,
यार तूने तो जीना सीखा दिया।

❧❧❧

घुटता रहा मै,
अपने ही बनाये दायरे मे,
खुद को खुश कभी देखा ही नही।
तूने तो खुशियों का अंबार लगा दिया,
यार तूने तो जीना सीखा दिया।

❧❧❧

यादों के कांटे जेहन मे चुभते थे ,
कुछ अनचाहे लम्हे पलकों पर बसते थे।
भटकी हुईहौसलों की उड़ान थी,
धड़कने भी तो बेलगाम थी।
तूने दिल को धड़कना सीखा दिया,
यार तूने तो जीना सीखा दिया।

❧❧❧

मै खेलता रहा आंखमिचौली,
अपनी ही ख़्वाहिशों से,

मुक़द्दर को झुठलाने की,
फुर्सत ही कहाँ थी।
तूने अंधेरो मे चलना सीखा दिया,
यार तूने तो जीना सीखा दिया।

मेरी जिंदगी मे हकदार बहुत थे,
किसी की जिंदगी मे मेरा हिस्सा नही था।
मेरा खुद का वजूद भी मुझे पता नही था।
तूने जिंदगी को जिंदगी से मिला दिया,
यार तूने तो जीना सीखा दीया।

मेरी राह मे अभी भी हैं काँटे बहुत,
पर नही भेद पायेंगे वो,
तेरी नसीहत के आवरण को।
तूने जिंदगी को है कवच पहना दिया,
यार तूने जीना सीखा दिया।

तेरा हर लब्ज़ एक पैगाम देता है,
तेरी आँखों मे मेरा मुकाम दिखता है।
गुरुर है मुझे ऐ दोस्त तेरी दोस्ती पर,
तूने रोशनी को मेरे घर का वाशिंदा बना दिया,
यार तूने तो जीना सीखा दिया।

71. "मुक्त करो"

तुम मन मोहिनी, रूप रागिनी,
तुम तत्व शिरोमणी, प्रेम वंदनी,
तुम बिन जीवन असाध्य साधना,
नित् पल पल करुण वेदना।
राग रति से मुक्त करो अब,
बिरक्त करो मन मस्तिष्क की संबेदना।

भोर की आभा धूमिल हो गयी,
संघर्ष मार्ग मे दूषित हो गयी।
शाम ढलीकर्म कुंज कुम्हलाये,
हताश पंखेरु पंख बिखराये।
दिवा स्वप्न से मुक्त करो अब,
आज़ाद करो यादों के बंधन से।

हे आत्म लोक की चपल चंचला,
सुरुचि स्वभाव, सुगम, कोकिला,
हार गयी उम्मीदें, लक्ष्य नही जीवन मे,
शरण देहि मम् निर्मल चित्त की छाया मे।
हे मुक्त प्रवाह, मुक्त करो अब,
आदि-अनादि के गठ बंधन से।

72. "ये भी एक दौर है"

गुमनामी का ये दौर है,
बस सफर कर रहा हूँ।
कभी राहों के कंकड़ को,
कभी पाव के छालों को,
बस तसल्ली दे रहा हूँ।
निःसंदेह नही पता मुझे,
मौत के मंदिर का पता।
पाव कब्र मे रखकर,
जिल्लत ए जिंदगी को,

वजह दे रहा हूँ।

❧❧❧

यूँ तो रोज आती है,
मौत मेरे सिरहाने पर,
क्यूँ हो जाती है नदारद
कुछ गुफ़्तगू करने के बाद।
लौट आता हूँ हर रोज,
खुद को अलविदा कहने के बाद।
मर मर के जी रहा हूँ,
या जीने के वास्ते,
हर रोज मर रहा हूँ।

❧❧❧

गुनहगार हूँ ऐसे गुनाह का,
जो गुनाह कभी हुआ ही नही।
सजा है मिली उम्रकैद की,
पर कैद तो कभी हुआ ही नही।
थोड़ा तिरस्कार, थोड़ा अकेलापन,
भटक रहा हूँ बिचारो के जंगल मे,
बनकर एक असफल परीक्षार्थी
पर इम्तिहान तो कभी हुआ ही नही।

❧❧❧

ख्वाहिश भी है तो बस इतनी,
चार कंधे मिले तो सो सकूंगा,
कुछ देर ही सही परन्तु खुद ही,

अभीष्ट गंतव्य तक पहुँच सकूंगा।
करता हूँ मौत संग हररोज एक सौदा,
कमबख्त वो भी ख़ामोश कर जाती है।
यही प्रकृति है, प्रकृति का प्रकृति,
मौत भी बेवस नजर आती है।

जिंदगी उलझ सी गयी है,
किंतु परंतु के सियासी सवालों मे।
ख्वाबो का महल खंडहर हो गया है,
कहाँ है सूकून बंदिशों के आँगन मे।
बस कभी राह के पत्थर को,
कभी पाँव के छालों को,
तसल्ली दे रहा हूँ।
गुमनामी के दौर में
कहीं गुमराह न हो जाऊं,
गुमनामी को अपना नाम दे रहा हूँ।

73. "ढल गयी शाम, वो नही आये"

ढल गयी शाम, वो नही आये।
ले मधुर मिलन की मधुर यादें,
बैठा हूँ यादों की बग़ियाँ मे।
उम्मीद की लहरें सिमट रही हैं,
लंबी साँसों की गहराई मे।
उल्फत के बादल हैं गहराये,
ढल गयी शाम, वो नही आये।

सुबह की आभा धूमिल पड़ गयी
दोपहरी मे आकर ओझल हो गयी।

खत्म हुआ दोपहरी का तांडव,
धरती से अम्बर तक मायूषी छा गयी।
स्पंदन गति अब बढ़ती जाये,
ढल गयी शाम, वो नही आये।

74. "कितना बदल गया तू"

ऐ शहर.....
कितना बदल गया तू।
कहाँ है वो गलियाँ,
जिसकी मिट्टी मे ,
संस्कारों की खुशबू मिलती थी।
वो बस्ती ..
जिसकी तंग गलियों मे
ज्ञान की गंगा बहती थी।

सब कुछ तो बदल गया ,
राहें बदली...
बदल गया जीवन का पैमाना।
सदियों से एक पहचान थी तेरी,
तू भी बदला...
सीख लिया रंगों मे रंग जाना।

❧❧❧

कहाँ गयी वो सुबह की चहकन,
रात की शांति,
कहाँ गयी वो आदर्शों की क्रांति,
मैंने थी जब एक आवाज लगायी,
तूने ही तो की थी उत्क्रांति।
तू तो बन गया जमूरा,
वक्त ने है तुझको वशीभूत किया,
तुझको दी थी एक अमूल्य धरोहर,
तूने उसके आँचल को भी है लाचार किया।

❧❧❧

ऐ शहर ..
खो गयी है तेरी आत्मीयता की झंकार,
कहीं सीमेंट के इस जंगल मे।
मर्यादा की अब परिकल्पना कैसी,
जब तू ही बेलिबास है, आधुनिक लिबास मे।
माना बदलाव भी एक श्रृंगार है,
तेरे बदलाव मे प्रतिशोध है, बहिष्कार है,
स्वाभिमान की कीमत तूने चुकाई कहाँ,

तू ही बता,
तेरे आचरण पर क्यूँ उठ रहा सवाल है।

मै तो एक मुसाफ़िर हूँ...
आज यहाँ कल कहीं और चला जाऊँगा।
रखना बड़ी हिफाज़त से मेरी अमानत को,
मै बेवक़्त फिर कभी भी आ जाऊँगा।
हिसाब है पल पल का जो गुजारे यहाँ,
खुद्दार हूँ खुद्दारी की निशानी छोड़ जाऊँगा।

75. "एक बार मिलना था"

बस एक बार......

बस एक बार तुमसे मिलना है

बहुत कुछ तुमसे कहना है।

पर इस कदर मजबूर हूँ,

खुद के लिए बना नासूर हूँ।

पाँव मे बेड़ियाँ हैं संस्कारों की,

सवाल है तेरे नैतिक अधिकारों की।

वो रातों की तन्हाई,

सुबह की धूमिल रंगत,

दिन भर ताने-बाने,

शाम सन्नाटों की संगत,
वो रास्ते जो खुद मे श्मशान हैं,
वो राहगीर जो अनजान हैं,
वो विरह गाथा तुम्हे सुनानी है,
शायद हर बात तुम्हे बतानी है।
बस एक बार तुमसे मिलना है,
बहुत कुछ तुमसे कहना है।

❦ ❦ ❦

एक बार......
बस एक बार तुमसे मिलना है,
बहुत कुछ तुमसे कहना है।
ओस की बूँदे अब प्रलय ढा रही हैं,
डालियों का डोलना हुंकार भर रही हैं।
सैलाब उमड़ा है मुझे हराने के लिए,
मै अकेला, किन्तु खुद से लड़ रहा हूँ।
होड़ लगी है, मेरी शख्सियत को जीतने की,
और मै तो महज हारने के लिए ही खड़ा हूँ।
मेरी मुस्कान पर तंज कसने वाले,
अक्शर आते है आंशुओ पर मशविरा देने।
मै तो जख्मो को यूँ ही सजाता हूँ,
वो बेखौफ चले आते है मुझे जख्म देने।
मुझे तो वक्त से शिकायत है,
अपनो के प्रति हिमायत है।
मुझे महज़ आपबीती सुनानी है,
शायद हर बात तुम्हे बतानी है।
बस एक बार तुमसे मिलना है,

बहुत कुछ तुमसे कहना है।

❧❧❧

बस एक बार......
बस एक बार तुमसे मिलना है,
बहुत कुछ तुमसे कहना है।
डरता हूँ तुम्हारी रुसवाइयों से,
फौलादी सीने पर अंकुश लगा रखा है।
ख्वाहिशें बहुत हैं जेहन मे,
पर तेरी यादों ने चादर चढ़ा रखा है।
आखिरी मुलाकात का वो आखिरी पल,
शायद... तुम्हे तो याद भी नही होगा,
रेत के ढेर पर बने वो मुकाम,
निःसन्देह अबनामो निशां नही होगा।
बैचारिक खाई भी गहरी हो चुकी है,
एक मुहाने पर तुम हो, एक पर मै हूँ,
तुम्हे मिलती रहे खुशियों की सौगात,
यातनाओं का शहर बनने के लिए मै हूँ।
तुम्हे मिले रोशनी, खुद को जलाना है,
बस इतना ही तुम्हे बताना है।
बस एक बार तुमसे मिलना है,
बहुत कुछ तुमसे कहना है।

❧❧❧

76. "ऐ दोस्त तूँ अजीज है"

कभी उमंग और जोश भरती है,
उगते सूरज की तरह।
कभी विश्राम की राह दिखाती है,

ढलते सूरज की तरह।
ऐ दोस्त तूँ अजीज है,
पर तेरी यादें अजीब हैं,
चुभने लगती है तन मन मे,
तपती धूप की तरह।
कभी सपनो से श्रृंगार कर,
लक्ष्य की पहचान दे जाती हैं,
कभी सहलाती हैं सिरहाने बैठ कर,
पलकों को नम कर जाती है।

77. "तुम ही जीवन हो"

नित्-नित्, पल -पल, अदृश्य, अतुल्य जीवन रस,

चक्षु मार्ग से स्फुरित, स्नेह कुंज की पुंज प्रखर।
नाबूद किया जड़ चेतन, हुआ हरा भरा मंजर,
प्रियतम, तेरी गाथा अमिट रहेगी युग- युगांतर।

❧❧❧

कर्ण पटक पर मृदु वाणी जब भी गुंजन करती है,
कण- कण कर रोमांचित, मन को पावन करती है।
शब्द-शब्द मे संगीत की सीरत, संगीत सँवरती है,
प्रियतम तेरी वाणी खुशियो की बारिश करती है।

❧❧❧

सशक्त सोच, अडिग आचरण, कनक वर्ण सुहाशिनी,
प्रतिभा की उत्तम प्रतिमा, मेरे मन मंदिर की रागिनी।
नित् पल बहती रहती हृदय स्पंदन मे प्रवाहिनी,
तुम ही जीवन हो प्रियतम, तुम जीवन संगिनी।

❧❧❧

78. "शायद"

शायद आज भी,
सबेरा हुआ था।
शायद आज,
भी पक्षियों ने कलरव किया था।
शायद आज भी,
उपहास का कोहरा छटा था।
शायद आज भी,
हौसले का सूरज परवानगी चढ़ा था।
पर पहला कदम जब उठा,

शाम ढल चुकी थी।
एक बार फिर निशा के आगमन पर,
उम्मीद की लौ बुझ चुकी थी।
ऐसा नही कि मैं सोता रहा दिनभर,
मै नही, मेरी बंद पलको पर,
उनकी छवि सो रही थी।
ख़्वाहिशों के रेतीले महल मे,
मुक़द्दर की तेज आंधियों मे,
जिंदगी बिखर रही थी।

❧❧❧

कभी सितारों की जमघट मे,
चाँद का इतराना,
कभी काली अंधेरी रात मे,
जुगनू का गुनगुनाना,
अच्छा लगता था,
अब तो नफरत है रोशनी से,
बैठकर गुजरे लम्हो के मंजर पर,
आशुओं से नहाना,
मुक़द्दर का वास्ता देकर,
दिल को बहलाना,
अच्छा लगता है।

❧❧❧

यौवन के दिन कब के गुजर गये,
अब तो उम्र की शाम है ढलने आयी।
जिस रात की कोई सुबह नही,

हैं उस रात की कुछ झलकें आयी।
शायद फिर से कभी सबेरा होगा,
शायद फिर से यौवन के दिन आयेंगे।
इस जन्म मे सानिध्य मिला नही जिसका,
जन्मांतर मे कैसे हाँसिल कर पायेंगे।
अलग सी पहिचान, अलग सी जिंदगी,
शायद फिर यही बिरह गीत गायेंगे।

79. "ऐ शहर मत बुला मुझको"

ऐ शहर, वापस मत बुला मुझको,
तूने भी तो लिबास बदल लिया,
वक़्त के बदलते लिहाज मे।
धुल गये वो बचपन के शिनाख्त,
आधुनिकता के इस प्रसार मे।
तूँ वाकिफ़ है मेरे जमीर से,
दर्द दिल का बयां नही कर पाऊँगा।
ज़ख्मो का पिटारा है मेरे पास,

अब एक और संभाल नही पाऊँगा।
चुभ न जाय वेदना के कांटे तुझको,
ऐ शहर, मत बुला वापस मुझको।

वो गलियों की किलकारी,
वो परिंदों से भरा आसमान,
वो अपनो की प्यार भरी गाली,
वो साझा साजो सामान,
कहाँ है मिट्टी की वो ख़ुशबू,
ईंट कंकड़ से तूँ ढक चुका है।
गमलों मे जो खिलते थे पौधे,
अब वो भी प्लास्टिक का हो चुका है,
खोखलापन पता तो है तुझको,
ऐ शहर, मत बुला वापस मुझको।

मै भी कभी बासिन्दा था,
ऐ शहर तेरी ही गलियों का।
तूने ही तो दिया था वो सलीका,
त्याग और समर्पण संग जीने का।
आज तूँ भी मशगूल है,
मौका परस्तों की वकालत मे।
अब नही उठती कोई आवाज,
दिलदारो की हिफाज़त मे।
बस एक मशविरा है तुझको,
ऐ शहर, मत बुला वापस मुझको।

ऐ शहर, एक एहसान है तेरा,
मेरी प्रेयशी को महफूज़ रखने की।
मैंने भी तो कीमत चुकायी है,
किसी पत्थर से याराना रखने की।
तूने भी तो लगाई थी कीमत,
मेरे घरोंदे की, मेरे वजूद की।
क्या आज भी लगाएगा कोई कीमत,
मेरे तन्हाइयों की, मेरे वसूल की।
क्या सुकून नही मिला तुझको,
ऐ शहर, मत बुला वापस मुझको।

80. "तन्हाई"

मै हूँ मेरी तन्हाई है,

कुछ यादें है कुछ फ़रियादें है,

फिर भी ये रात अधूरी सी लगती है।

पूर्ण मासी का चाँद, सितारों की जमघट,

फिर भी ये फ़िज़ा हरजाई सी लगती है।

मै अकेला कहाँ हूँ,

हर तरफ तन्हाइयों का घेरा है,

कुछ खूबसूरत यादों का यहाँ बसेरा है।

फिर भी जिंदगी अधूरी सी लगती है,

रातें है पर छिप गया सबेरा है।

मुज़रिम भी मै हूँ, पीड़ित भी मैं हूँ,
वकील भी मै, मुंसिफ भी मै हूँ,
थक चुका हूँ खुद की दलील सुनते सुनते।
अब तो इंसाफ भी अधुरा सा लगता है,
कनैल को गुलाब कहते-कहते।
मानता हूं मै भी,
बड़ा अजीब रिश्ता है मेरा तोहमतों संग,
है मेरे जान -ऐ- ग़ज़ल ने तोहफ़े में दिया।
मै तो निकला था उसकी पाज़ेब की झंकार सुनने,
मेरी किस्मत ने तोमुझे ही पाज़ेब पहना दिया।

81. "तुझे भूल जाऊँ कैसे"

तूँबता जुनून ऐ जिंदगी तुझे भूल जाऊँ कैसे,
तेरे आँचल मे ही अपना दिल छोड़ आया हूँ।
तेरी आँखों के मयखाने मे पी गया था ज्यादा,
तेरे दर पर अपनी जिंदगानी छोड़ आया हूँ।

कल फिर उन्ही के सपनो मे था मशगूल हुआ,
एहसास हुआ अहल-ए-चमन छोड़ आया हूँ।
जब कभी खुद से है खुद की मुलाक़ात हुयी,

नज़रों ने बताया शोहरत भी छोड़ आया हूँ।

❧❧❧

नए ख़्वाब, नई उम्मीद को मै पनाह दूँ कैसे,
जब जिंदगी को ही कहीं और छोड़ आया हूँ।
महफ़िल भी सजता हूँ तन्हाइयों के मेले मे,
मैतो दिल भी अपना बेसहारा छोड़ आया हूँ।

82. "बिरहन"

दामन पर लिखा यूँ नाम अपना,
सँजोती रही मै हर शाम सपना।
खुली पलके निरखती रही,
रात भर चूड़ियाँ खनकती रही।
तुम्हे तो नही आया ख्याल अपना,
सँजोतीरहीमैहरशाम सपना।

लिख-लिख कर खत रातें बितायी,
तन की अगन मन से बुझायी।
ख़्यालों मे उनके खुद को पिरोया,
अश्कों से तन को मन को भिगोया।
यहीआँशू हैं बिरहन का गहना,
सँजोतीरहीमैहरशामसपना।

यादों मे कब तक सजती सवरती रहूँ?
कब तक यादों के दीप जलाती रहूँ?
कैसेखोजूँ जाने कब होगा सवेरा?
बहुतहो चुका है राहों पर अँधेरा।
तुमने तो नही भेजा पैगाम अपना,
सँजोतीरहीमैहरशामसपना।

किस चिलमन से तेरी राहें निहारु?
हरजर्रे मे जमाने का पर्दा लगा है।
कहाँ आकर अपनी पलके बिछा दूँ?
हरचौखट पररिवाजो का मेला लगा है।
कैसा है ये तन्हाई भरा अँगना?
सँजोतीरहीमैहरशामसपना।

बिरहन सी अब दिखने लगी हूँ,

यादों मे अब जलने लगी हूँ।
राहतकी कोई बारिश न करना,
मैंनेसिखा है जख़्मों को रंगना।
कहीं रहना रखना ख्याल अपना,
सँजोतीरहीमैंहरशामसपना।

83. "वो आखिरी मुलाकात"

आज भी याद है वो आखिरी मुलाकात,
वो खूबसूरत लम्हे का आखिरी पल,
वो बिंदास, बेहिझक मुस्करा रही थी,
दूर कहीं जाने के फायदे समझा रही थी।
मै घुट रहा था सपनो की अरथी देखकर,
निःशब्द था उसकी महत्वाकांक्षा देखकर।

ये मेरे स्वाभिमान की मौत थी,
फिर भी हार मे दिख रही जीत थी।

दौर था बेरहम, पर जज्बात जिंदा था,
वो उड़ने लगी मैं तो बेपंख परिंदा था।
खुशियों की झोली अब खाली थी,
अपनी वफ़ा की कीमत जो पा ली थी।
मेरी हार मे उसकी खुशियाँ छिपी थी,
मेरी गुमनामी उसके लिए नई जिंदगी थी।

❧❧❧

मै सोचता रहा उसके जाने के बाद,
आखिर हो ही गयी वो मुझसे आबाद।
कुछ आंशू उसने भी तो बहाए होंगे,
कुछ रश्म कुछ रिवाज उसने निभाये होंगें।
वो बेरहम नही, वक़्त का शिकंजा कसा होगा,
किसी अपनो ने ही जाल बुना होगा।
लड़ाई भी खुद से थी, खुद ही से हार गया मै,
मायूसी के आग़ोश मे खुद से अनजान हो गया मै।

❧❧❧

वो आखिरी मुलाकात वो आखेरी लम्हा,
आज भी पलको पर तांडव करता है,
पर निकलती नही आह कोई,
हर रोज हारता हूँ,
जिंदगी का एक जंग,
पर नियत से शिकवा नही कोई।

❧❧❧

ढलने लगी है मिट्टी की काया अब तो,

शुक्र है आखिरी दहलीज पर खड़ा हूँ।
फक्र है मेरा एहसास आज भी जिंदा है,
वो कोहिनूर मेरी पलको पर यूँ जड़ा है।
आज भी देखता हूँ उसे हवा मे पल्लू लहराते हुये,
वही आखिरी पल, वही जुनून, याद करवाते हुये।

84. "एक संबाद प्रकृति के साथ"

चांदनी रात मे अंधकार क्यूँ है?
बादलो मे छिप रहा चाँद क्यूँ है?
सावन मे तपन पवन शांत क्यूँ है?
ऐ प्रकृति तेरा बुरा हाल क्यूँ है?
सामने से ये प्रकृति का जबाब आया,

जबाब मे छिपा एक सवाल आया।
शर्माता है मेरा चाँद तुम्हारे चाँद से,
उसकी नजाकत, उसकी मुस्कान से।
फूलों से नाज़ुक है तन बदन उसकी,
पवन भी समझता है मासूमियत उसकी।
ये तो ख़्वाहिशों के यौवन की गर्मी है,
उसी की खिदमत मे तो इतनी सहमी है।
तुम्हे क्यूँ नही पता कोहिनूर की कीमत,
मल्लिका-ऐ-नूर है वो श्रृंगार अभिमत।
सच है मेरी जिंदगी का गुरुर तुम हो,
गुमनामी के नशे मे भी सुरूर तुम हो,
तुम्ही हो साधना, साध्य, साधन भी तुम हो,
मेरा आराध्य भी तुम, आराधना भी तुम हो।

85. "लाचारी"

मैं कौन हूँ? क्यूँ हूँ? और कहाँ हूँ?
मेरा अन्तर्मन सब कुछ जानता है,
दैहिक स्वामित्व को पहचानता है,
किन्तु लाचार, चुपचाप कराहता है।
कभी खुद से लड़ता हूँ, कभी वक्त से,
कभी खुद के अस्तित्व से, प्रभुत्व से।

जीवन की निरंतरता एक मजबूरी है,

"

अपनो के लिए सम्प्रभुता जरूरी है।
बस हर रोज करता हूँ वक्त से सौदा,
अब तो वक्त का होना भी जरूरी है।
वक्त ने इन्शान को रोबोट बना डाला,
भावनाओ को कुचला फिर रौंद डाला।
इन्शान भी तो अब मशीन बन गया है,
इंसानी अंगो का व्यापार आम हो गया है।

हर अंग अब बाजार मे यूँ ही मिलते है,
इंसानी जज़्बात कौड़ियो मे बिकते हैं।
दफन होता है इंसान, इंसान के सीने मे,
अजीब सी होड़ है काफ़िर बनने मे।
मेरा मन अपनी सीमा पहचानता है,
सीमा पर अंतर्मन के साथ हो जाता है।
निकल न सकूँ कभी दायरे से बाहर,
संस्कारो की दीवाल बहुत ऊँची है।

86. "एक अनजान शहर मे"

एक रात, एक अनजान शहर मे,
तोड़ सारी बंदिशें बेख़ौफ़, बिंदास,
चाहत का फिर एक पैगाम लेकर,
ढूँढ़ रहा था तसव्वुर का पलाश।

दूधिया रोशनी मे रात्रि की काया,
मन मंजूषा मे हिलोरे ले रही थी।
इंतज़ार था मिलन की घड़ी का,
हृदय स्पंदन भी तीव्र हो रही थी।

जब प्रसून सी सजी सँवरी बल्लरी,
यूँ ही गुजरी आंखों के गलियारे से।
पुलकित किन्तु स्तब्ध, निशब्द हुआ,
हुआ धन्य धन्य छड़िक उजाले से।

लौटना ही था उम्मीदों को समेट कर,
यादों को नये लिबास मे लपेट कर।
नजर नही आयी पल्लवी फिर कभी,
तस्वीरे देखता हूँ जिंदगी से जोड़कर।

87. "जब मिलोगी तुम कभी"

जब मिलोगी तुम कभी,
कुछ नही कह पाऊँगा,
किन्तु परंतु के व्यर्थ सागर मे,
गोते लगाऊँगा।
जब मिलोगी तुम कभी
कुछ नही कह पाऊँगा।
जानता हूँ तुम्हारा मिलना,
बैचारिक तपन पर,

सावन सा बरसाना,
कोई इत्तिफ़ाक़ नही होगा।
मर्यादा की चादर मे,
हसरतों को छिपाना,
शायद ..
सार्थक पर्याय नही होगा।
फिर भी ... बोल नही पाऊँगा,
जब मिलोगी तुम कभी,
कुछ नही कह पाऊँगा।
कभी ढलती शाम से,
कभी इतराते चाँद से,
कुछ गुफ्तगू करता हूँ।
कभी आत्मग्लानि मे,
कभी अपराध बोध मे,
खुद को खुरचता हूँ।
अंतर्मन की व्यथा,
तुमसे कह नही पाऊँगा।
जब मिलोगी तुम कभी
कुछ नही कह पाऊँगा।
राहें बहुत हैं ..
पर अंधेरा घना है।
हूँ एकांत पथ का,
एकल पथिक मै,
मंज़िले मिलती बहुत हैं.
पर रुकना मना है।
इस सफर की व्यथा
कह नही पाऊँगा,

जब मिलोगी तुम कभी,
कुछ नही कह पाऊँगा।
जानता हूँ,
नासमझ तुम भी नही,
पर हालात की बेड़ियाँ भी,
कमजोर तो नही,
तुम्हे कुछ बता कर,
तुम्हारी वेदना देख नही पाऊँगा।
जब मिलोगी तुम कभी,
कुछ नही कह पाऊँगा।

88. "बँटवारा"

जिंदगी का बँटवारा भी तो था उसी ने किया,
मैने तो जिंदगी को कभी अपना कहा ही नही।
न शिकवा, न शिकायत कुछ गुज़ारिश थी मेरी,
मेरी गुज़ारिशों को भी तवज्जों मिली ही नही।

❧❧❧

मै तो जीता रहा बस एक उधार की जिंदगी,
मुझे मालिकाना हक तो उसने दिया ही नही।
चाहत के लब्ज कुढ़ते रहे खामोश लवो पर,
अपना होने का एहसास कभी दिया ही नही।

गलतफहमियों का दौर था, मै भी शराबोर था,
आईने ने भी कभी सच को दिखाया ही नही।
छिप गया वजूद कहीं नाकामियों के जाल मे,
उसने भी तो मेरी चाहत को स्वीकारा ही नही।

शायद वो अनजान थी मेरे बेपनाह मुहब्बत से,
मैंने भी उसके जज़्बात को कभी परखा ही नही।
यूँ ही चलते रहे हम नदी के दो किनारों की तरह,
अंतर्मन के आवाज को हमने कभी सुना ही नही।

89. "जाने क्यूँ"

जाने क्यूँ रूठ गयी वो,
ये भी तो उनका हक हीहै,
पर अफसोस कि मना सकूँ
इतना भी तो मै काबिल नही।
अब तो मेरी परछाँईमे भी,
बदनुमा दाग दिखता है उन्हें,
उनकी राह में खड़ा हो जाऊं,
इतना भी तो मै जाहिल नही।

मै तो यूँ ही सजता हूँ रोज,

मजबूरियों के सतरंगी रंग से,
खेल जाऊं उनकी हसरतों से,
इतना भी तो मै खुदगर्ज़ नही।
जाने क्यूँ वो रुखसत हो गयी,
जुबाँ पर मेरे ताले लगाकर,
मुझे नही पता खुद की खता,
अपनी खता से भी मै वाकिफ़ नही।

यही तो इश्क़ का खुमार है,
महज ख्वाव ही तो बेशुमार है,
बेवस है दिल के सामने दिमाग भी,
खुद को समझा सकूँ मै,
इतना भी तो मै काबिल नही।

90. "एक तराना रोज गुनगुनाता हूँ"

तुझे पलकों पर बैठा कर,
आंसुओं से हर रोज नहलाता हूँ।
चुनिंदे गुलाब की माला से,
ख़्वावो की तस्वीर सजाता हूँ,
अपने ही सीने मे हर रोज दफनाता हूँ,
एक तराना मै हर रोज गुनगुनाता हूँ।

❦❦❦

तन्हाइयों के घने काले साये मे,
रूह बनकर आती हैं हसरतें,
दिल मेरा कब्रिस्तान बन गया है।
तन्हाई का अपना एक नशा है,
जानता हूँ अजीब सा जुनून है ये,
सायद इश्क़ बेशुमार हो गया है।

❦❦❦

वाकिफ़ हूँ तेरी मजबुरियों से,
खुद ही खुद मजबूर हो जाता हूँ।
अंधेरी रात मे जुगनू निहारता हूँ,
वास्ता रोशनी से नही अंधेरो से है,
रोज गुजरता हूँ नदी के मुहाने से,
पर प्यासा ही लौटकर आता हूँ।

❦❦❦

बस विराने मे,
एक प्रणय गीत हर रोज गाता हूँ।
पहचानता हूँ मुक़द्दर का कारवाँ,

तुझे पलकों पर बैठा कर,
आंसुओं से हर रोज नहलाता हूँ।
एक तराना मै हर रोज गुनगुनाता हूँ।

91. "यही प्यार है"

जब किसी की डांट मे सुकून मिलता। हो,
जब किसी की आंख मे संसार दिखता हो,
जब किसी के इंतज़ार मे वक़्त रुकता हो,
जब किसी की छींक से ज़हान हिलता हो,
जब किसी की खुशियों के लिए सिर झुकता हो,,
जब किसी की आवाज से मिठास छलकता हो,
जब किसी के इशारों मे राह दिखती हो,
जब किसी के ख्याल मे रातें सुलगती हो,
जब किसी की नाराजगी मे सांसे रुकती हो,

जब किसी के पल्लू मे आसमान दिखता हो,
जब किसी के केश से ख़ुशबू बिखरती हो,
जब किसी के एहसास सेजिंदगी सँवरती हो,
जब किसी के सानिध्य मे ज़न्नत दिखता हो,
जब किसी की बातों मे ऐतबार दिखता हो,
जब किसी की खिलखिलाहट मे त्योहार दिखता हो,
जब किसी की चाहत मे सम्मान दिखता हो,
शायद यही तो प्यार है, शायद यही ख़ुमार है।

❧❧❧

जब आपके मन की आवाज कोई और भी सुनता हो,
जब आपकी आँखों से सपना कोई और भी देखता हो,
जब आपके दिल की धड़कन कोई और भी गिनता हो,
जब आपकी उपलब्धियों मे कोई और भी रंगता हो,
औचित्य ही नही बनता वक़्त के शिकंजे मे बँधने का,
जब हर रोज बरक्कत की दुवा एक दोस्त करता हो।

❧❧❧

जब ख़्वाहिशे आपकी मन्नते कोई और भी रखता हो,
जब आपके एहसासों का तवज्जो कोई और भी करता हो,
जब आपके नेक इरादों को कोई और भी समझता हो,
जब आपके सिद्धांतों का पालन कोई और भी करता हो,
आपकी राहों मे अंधेरा कभी भी मुनासिब नही ये दोस्त,
जब आपकी राहों मे पलके कोई और भी बिछाता हो।

❧❧❧

92. "सफ़रनामा"

कभी मौत से सौदा, कभी जिंदगी से,
कभी यारो से ठिठोली, कभी खुद की ज़मीं से।
कभी शुरू होता है सिलसिला- ऐ- सवालात,
वक़्त यूँ ही गुजर जाता है, छोड़ कर वही हालात।
बस हार जाता हूँ अक्शर अपनी ही कमनसीबी से,
यही जिंदगी है यारो, जीता हूँ हर पल खुदगर्जी से।

खाली तरकश देख खामोश हो जाता हूँ।
"काश " शब्द मे बिलीन हो जाता हूँ।
बंदो की बंदिगी से आवाम आज़ाद नही होता।
गर्दिश की रात मे कहीं कोई चाँद नही होता।
पैमाने बदलता हूँ, परवरिश की नसीहत नही।
यही जिंदगी है, खैरात मे मिली दावत नही।

रहनुमा नही कोई, गर्दिशो का दौर है।
अँधेरो मे दौड़ती जिंदगी, मेघ घनघोर है।
बारिश की बुँदे भी बारूद सी दिखती है।
सपनो की नसीहत कंटक सी चुभती है।
मै भी तो जमूरियत मे एक परिंदा हूँ।
जीना है यारों इसलिए भी जी लेता हूँ।

93. "काश"

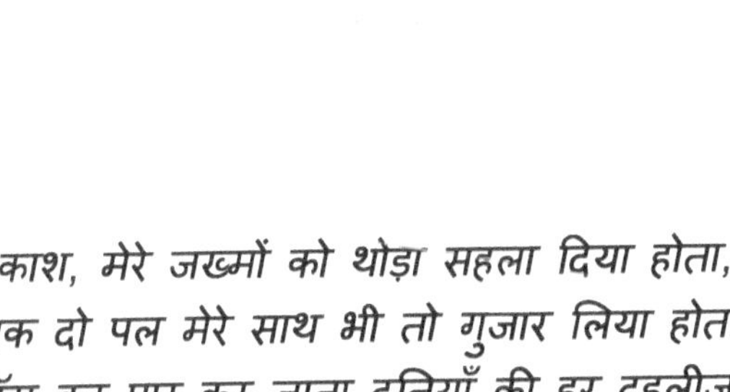

काश, मेरे जख्मों को थोड़ा सहला दिया होता,
एक दो पल मेरे साथ भी तो गुजार लिया होता,
हॅस कर पार कर जाता दुनियाँ की हर दहलीज,
बस एक बार अपना इरादा तो जता दिया होता।

अगर हार जाता मैं खुद से खुद की वो लड़ाई,
दौर ऐ मुहब्बत की फिर ये कहानी न लिखता,

वर्षों गुजारे हैं मैंने महज जुगनू की रोशनी मे,
न होती मुहब्बत पतझड़ को सावन न लिखता।

हर रोज सजाता हूँ अपने अरमानो की अरथी,
काश, इस जहाँ को अलविदा कह दिया होता,
तेरे हाथों से भी गिरते कुछ फूल मेरे बदन पर,
आखिरी दुआ सलाम भी तो कर लिया होता।

94. "एक सपना"

आज फिर आँचल मे सिमटा आसमान देखा,
घनी जुल्फों के बादल मे चमकता चाँद देखा।
खिलखिला रही थी वो चंद सितारों के पहरे मे,
एक लम्हे बाद बुलबुल का हर्षोल्लास देखा।

हौले हौले महकी बगिया मंद मंद मुस्कान से,
बंजर सी हुई जिंदगी मे फिर मधुमास देखा।
एक लम्हे से थी गुजारिश आज पूरी हो गयी,
एक ही रात मे एक ही सपना कई बार देखा।

95. "आखिर मे"

सच है कि सोचा नही था,
इस रात की भी सुबह होगी,
जिसे समझा नही किसी ने,
वही मिलने की वजह होगी।
कल तक रातें बेहद लंबी थी,
हिज़्र का जो गहरा साया था,
रोशनी तो थी पर खुदगर्ज़ थी,
मुझे तो अंधेरो ने अपनाया था।

आज की रात भी बेहद लंबी है,

कल मेरे रूह ने मुझे बुलाया है,
खो गया था अँधेरों के आगोश मे,
बुझी चिराग फिर से जलाया है।
गुजर रही थी जिंदगी इस तरह,
अपनो के सैलाब मे भी मै तन्हा था,
बैठा था, ख़्वाहिशों के मंज़र पर,
पल-पल के लिए हर पल मरना था।

96. "प्रतिबोध"

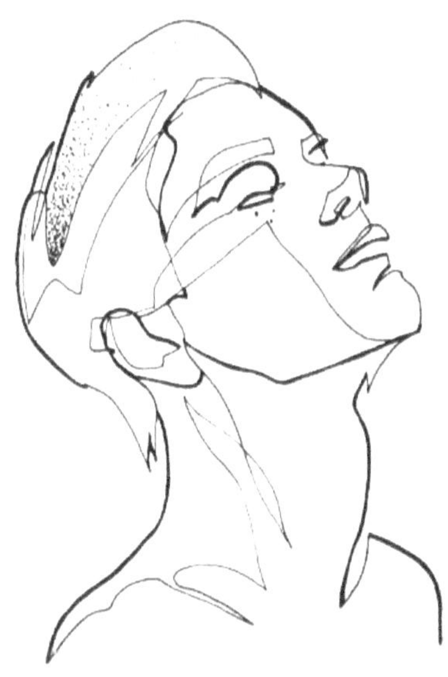

किस अक्षम्य अपराध का प्रतिबोध हूँ मैं?
किसके प्रतिकार का प्रत्यक्ष अनुलोम हूँ मैं?
मेरी राह में आते ये अनजान मोड क्यूँ हैं?
ऐ जिंदगी कुछ तो बता, तू खामोश क्यूँ है?

है यकीन तुम पर, पत्थर की लकीर बनाई मैंने,
मेरे हमदम, मेरे भरोसे का ये इम्तिहान क्यूँ है?
अब तो पूँछते हैं तिलमिलाते पाँव के छाले भी,
ऐ जिंदगी कुछ तो बता, काँटो का सौगात क्यूँ है?

सुलगते दिल के एहसास भी अब सवाल करते हैं,
पाक है मुहब्बत,तो मुहब्बत का ये अंजाम क्यूँ है?
अमन की राह पर मच रहा ये कोहराम क्यूँ है?
ऐ जिंदगी कुछ तो बता, नफरत की आग क्यूँ है?

क्यूँ बिखरे है अरमान गलियो मे पत्तों की तरह,
जिस जुवां पर थी ईबादत आज इन्तकाम क्यूँ है?
अक्सर बिक जाते हैं जजबात खुले बजारों मे,
ऐ जिंदगी कुछ तो बता, आँशुओ का ये मोल क्यूँ है?

97. "तूँ बहुत याद आता है"

पतली सँकरी गलियाँ और खंडहर बसइड्डा,
छोटी-छोटी दुकाने और घोड़ा गाड़ी का अड्डा,
वो नदी मे नहाना और फिर मंदिरों मे जाना,
यारो संग तफरी और सड़को पर धूल खाना,
वो बचपन का शहर आज भी मुझे बुलाता है।
इलाहाबाद " मेरे यार" तूँ बहुत याद आता है।

नुक्कड़ वाली दुकान और कलकतिया पान,

चाय की सुस्त चुस्की, खबरो पर घमासान,
दोस्तो को धमकाना, अबे कह कर बुलाना,
जीन्स संग कुर्ता और काला चश्मा लगाना,
वो बचपन का शहर आज भी मुझे बुलाता है।
इलाहाबाद " मेरे यार" तूँ बहुत याद आता है।

चोरी से ली यार की तस्वीरों से दिल बहलाना,
मोपेड के पीछे धीरे-धीरे स्कूटर का चलाना,
नित् नये बहाने खोज कर उनके पास जाना,
दिल की कशक को दिल ही दिल मे छुपाना,
वो बचपन का शहर आज भी मुझे बुलाता है।
इलाहाबाद " मेरे यार" तूँ बहुत याद आता है।

ख़्वाविषों का बोझ और चाहत रूमानी,
पत्थरों पर लिखना था चाहत की कहानी,
बहुत खूबसूरत थे वो उलझन भरे दिन,
उम्मीदों की लहर थी, थे सुनामी के दिन,
वो बचपन का शहर आज भी मुझे बुलाता है।
इलाहाबाद " मेरे यार" तूँ बहुत याद आता है।

98. "आँखों की गहराई"

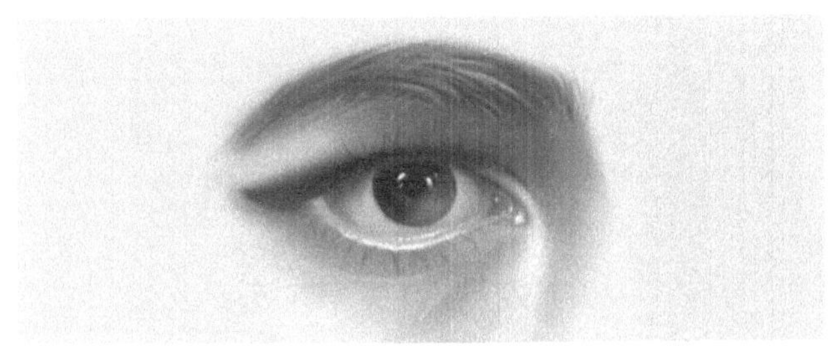

लोग मुझे
खोजते रहे,
ख्वाहिशों की ऊंचाई पर,
मै तो डूबा था,
तुम्हारी आँखों की गहराई मे।
तुम्हारी आंखे हैं या समंदर,
मै हिलोरे लेता रहा,
जाने कब खो गया,
तुम्हारे पलको की परछाई मे।

कभी मदहोशी छलकती है,
कभी तूफान आता है,

जाने कौन सा "पान" रखा है,
तुम्हारी आंखों के अंबारखाने मे।
एक आव्हान मिलता है,
तुम्हारी चंचल नजरों से,
उन्मुग्ध हो जाता हूँ ऐ मुग्धा,
तुम्हारी आंखों के मयखाने मे।

अश्क़ आंखों मे जो देखा कभी,
हार होगी मेरे अफसाने की,
एक खुबसूरत कशिश है,
तुम्हारी आंखों की अतुराई मे।
तुम ही मेरी मल्लिका हो,
तुम ही निर्वाण की सरिता,
मै उन्मुक्त पवन बन बहता हूँ,
तुम्हारी आंखों की रहनुमाई मे।

99. "ऐ मन तूँ उदास क्यूँ है?"

ऐ मन तूँ इतना उदास क्यूँ है?
ये खुले आसमां मे सितारों की महफ़िल,
ये जमीं पर जगमगाते ख़्वाविषों के दीप,
फिर ये घना अंधकार क्यूँ है?
ये मन तूँ इतना उदास क्यूँ है?

❦❦❦

सुनी है हर आवाज मैंने तेरी,
हूँ लकीर का फ़क़ीर नही,
मुक़द्दर से हर रोज लड़ता हूँ,
फिर ये रूठा हुआ अंदाज क्यूँ है?
ये मन तूँ इतना उदास क्यूँ है?

❦❦❦

तुझे तो हर हाल मे उसे जिताना था,
खुद को हरा कर भी उसे हँसाना था,
फिर हार पर इतना संताप क्यूँ है?
ये मन तूँ इतना उदास क्यूँ है?

❦❦❦

समर्पण की राह तूने ही दिखाई थी,
ये लक्ष्मण रेखा भी तूने बनायी थी,
फिर ये रुदन, ये विलाप क्यूँ है?
ये मन तूँ इतना उदास क्यूँ है?

❦❦❦

कल फिर सूरज निकलेगा,
कल भी कलियाँ खिल जाएंगी,
फिर बीते लम्हो से इतना लगाव क्यूँ है?
ये मन तूँ इतना उदास क्यूँ है?

❦❦❦

आशुओं से कब तक पलके धुलेगा?
खुद से कब तक छिप कर रहेगा?
तेरे मिजाज का ये बिगड़ा स्वरूप क्यूँ है?
ये मन तूँ इतना उदास क्यूँ है?

100. "सब छलावा ही तो है"

ये दौलत, ये शोहरत,
ये साक़ी, ये शोहबत,
ये अपना -पराया,
ये शानो शौकत, ये बुलंदियाँ,
अपनो का प्यार, इश्क़ का खुमार,
दोस्ती- यारी, संबंधों का संसार,
महज एक छलावा है,
भौमिकता का दिखावा है।

❧❧❧

नश्वर काया भी राख हो जाती है,
नही साथ जाता कोई,
अस्तित्व का है प्रताप बहुत,
"मैं" से नही मुक्त हो पाता कोई,
चंद कदमों का साथ,
आखिरी सौगात होती है,
हो धनवान या कीर्तिवान,
मुट्ठी अंत में खुल जाती है।
रह जाते है कुछ क़दमो के शिनाख्त,
बस पल दो पल का रोना होता है,

❧❧❧

आधुनिकता की आँधी, लोलुप निगाहें,
मज़हबी चोंगा, मखमली राहें,
जीवन की जरूरियात नही,
आत्म विकाश की गुहार नही,
पल-पल की है कीमत,
पल मे प्रतिसाद बदल जाता है।
जिसने भी इस मर्म को समझा,
देव तुल्य हो जाता है।

❧❧❧

101. "प्रीत लगन है मोहे लागी"

प्रीत लगन है मोहे लागी उपवन हो गया मोरा मन,

जब से मोहे भा गयी गोरी तोरी ये चंचल चितवन,

बंधु सखा सब भूल गए तूँ आयी बन जीवन धन,

अपने ही आँगन मे भटक गया मन मे है उलझन।

जब से मोहे भा गयी गोरी तोरी ये चंचल चितवन।

उम्मीदों की टोली निकली पहने यौवन की करधन,

पतझड़ मे सावन जैसे पत्थर पर चंदन सी उपटन,

भोर के तारे जब है गाते तोहरी बलखाती लचकन,

फिर उमंग है कलरव करता भवरों सा सुंदर गुंजन।
जब से मोहे भा गयी गोरी तोरी ये चंचल चितवन।

एक ही मिट्टी एक ही वायु फिर कैसी, क्यूँ अड़चन,
पल पल मन ये पूँछ रहा है कब होगा मधुर मिलन,
नित तेरा साथ रहे जब तक सांसो मे हो थिरकन,
तूँ मेरी राधा मै तेरा कान्हा कुछ ऐसा ही हो बंधन।
जब से मोहे भा गयी गोरी तोरी ये चंचल चितवन।